Kiba Neue-Land- St.140

Schmuckpapier selbst geschöpft

Angela Ramsay

Aus dem Englischen von
Wiebke Krabbe
Fotos von Emma Peios

Ulmer

Dem »Quartett« meiner Söhne: Mark, Pete, Achaladeva und Sacanâma. Dem »Trio« meiner Enkel: Kirsten, Rachael und Fraser – und für die noch nicht »komponierten«.
Meinem besten Freund Simon, der mir zur Vollendung dieses Buches einen Reißwolf schenkte.

Die Originalausgabe erschien 1999
unter dem Titel »The handmade paperbook«
bei New Holland Publishers (UK) Ltd

Druck und Bindung: Tien Wah Press (Pte) Ltd, Singapur

Die Deutsche Bibliothek – CIP-Einheitsaufnahme

Ramsay, Angela:
Schmuckpapier selbst geschöpft / Angela Ramsay. Aus dem Engl. von Wiebke Krabbe. – Stuttgart (Hohenheim) : Ulmer 2000
ISBN: 3-8001-7819-2

Deutsche Ausgabe:
© 2000 Verlag Eugen Ulmer GmbH & Co.
Wollgrasweg 41, 70599 Stuttgart (Hohenheim)
email: info@ulmer.de
Internet: www.ulmer.de
Lektorat: Carola Hils
Übersetzung: Wiebke Krabbe, Damlos
Satz: Rund ums Buch – Rudi Kern, Kirchheim/Teck

Danksagung
Ein Applaus der Autoren für folgende Personen:
Yvonne McFarlane für die Partitur, Coral Walker für den tragenden Gesang,
Kate Latham für den großartigen Chor, Jack Buchan für Arrangement und Orchestrierung,
und stehende Ovationen für Emma Peios und ihre großartigen Fotos.

Inhalt

Ouver

Die vielfältigen Gebrauchsmöglichkeiten von Papier sind uns oft gar nicht gegenwärtig. Papier kann dünn und transparent sein, so dass man die Fasern erkennt, aus denen es besteht. Aber auch sehr dicke und robuste, manchmal sogar wasserfeste Verpackungsmaterialien wie Kartons, Papprollen oder Packpapier sind aus den gleichen Rohstoffen hergestellt. Zwischen diesen beiden Extremen gibt es Tausende von Variationen.

Wenn Sie dieses Buch durchblättern, werden Sie sich sicherlich darüber wundern, dass es so viele Begriffe aus der Musik enthält. Ebenso hätte ich auch Parallelen zur Literatur ziehen können. Denn wo wären wir ohne Papier? Wir könnten Musik nur von Ohr zu Ohr und Geschichten nur von Mund zu Mund weitergeben. Vieles ginge für immer verloren.

Sehen Sie sich auf den folgenden Seiten um und Sie werden Papier ganz neu entdecken – hergestellt mit Blüten und Gräsern, Gemüse und Fasern. Und Sie werden faszinierende Möglichkeiten für die Verwendung von ganz normalem Papier und Altpapier kennen lernen, das in Ihrem Haushalt sicherlich in großen Mengen vorrätig ist. Wer schon Erfahrung in der Papierherstellung hat, besitzt vielleicht – so wie ich – Kästen und Schachteln voller interessanter »Zutaten«, aus denen eines Tages ein ganz besonderes Papier entstehen soll.

Sehen Sie sich einmal das schönste Papier der Natur an, hergestellt von den Wespen. Die Königin, die allein mit dem Bau ihres Nestes beginnt, zerkaut morsches Holz mit Speichel zu einer Pulpe, baut daraus Zellen und legt in jede ein Ei. Aus diesen Eiern wachsen die ersten Arbeiterinnen heran, die das Papiernest für das gesamte Wespenvolk ausbauen. Keine Sorge, dies ist nicht die Art der Papierherstellung, zu der ich Sie anregen möchte. Aber sehen Sie selbst und Sie werden entdecken, wie einfach es ist, wunderschöne und einzigartige Papiere herzustellen.

»For there is music wherever there is a harmony, order, or proportion.«

(Musik ist überall, wo Harmonie, Ordnung und Ausgewogenheit herrschen.)

Sir Thomas Browne (1605–1682)

Einen ganz persönlichen Dank möchte ich an dieser Stelle Melinda Coss aussprechen, die mir beim Schreiben dieses Buches sehr geholfen hat.

Angela Ramsay

türe

Papierherstellung für die Nachwelt

Im Lauf der Geschichte haben verschiedene Materialien den Zweck von Papier erfüllt. Information wurde auf Lehm, Holz, Metall, Blättern und vielen anderen Untergründen festgehalten. Dieses »Hinterlassen von Spuren« für die Nachkommen scheint seit jeher ein Urbedürfnis der Menschheit zu sein.

In der Anfangszeit der Schrift, etwa um 4000 v. Chr., kommunizierten die Sumerer mit Hilfe bildhafter Zeichen, die sie in Tafeln aus Lehm ritzten. Um 3000 v. Chr. waren diese Zeichen bereits differenzierter (keilförmiger), weil man nun scharfkantige Gegenstände zum Ritzen verwendete.

Auch Baumrinde hat als Schreibgrund Tradition. In vielen pazifischen Kulturen wird feuchte Rinde geschlagen und mit Pflanzenharz zu einem sogenannten »Rindenstoff« verklebt. In Indonesien benutzte man Baumrinde, um religiöses und mystisches Gedankengut festzuhalten. Zur gleichen Zeit schrieben die Buddhisten in Indien und Südostasien auf den Blättern des Bai-lan-Baumes, die sie mit Sand behandelten, die Zeichen hineinritzten und diese mit Pigmenten färbten. Die Blätter wurden gelocht und zu Büchern gebunden. So kommt es, dass auch Sie gerade in diesem Buch »blättern«.

Letztlich verwendeten alle Kulturen die örtlich verfügbaren Rohstoffe, um Informationen aufzuzeichnen. So griffen beispielsweise die Chinesen auf den Reispapierbaum *(Tetrapanax papyrifer)* zurück und entwickelten auf diese Weise das gleichnamige Papier. Es bestand aus dem Mark der Pflanze und war dem heutigen Papier so ähnlich, dass es selbst den Ansprüchen der Engländer und Amerikaner genügte, die es in großen Mengen importierten.

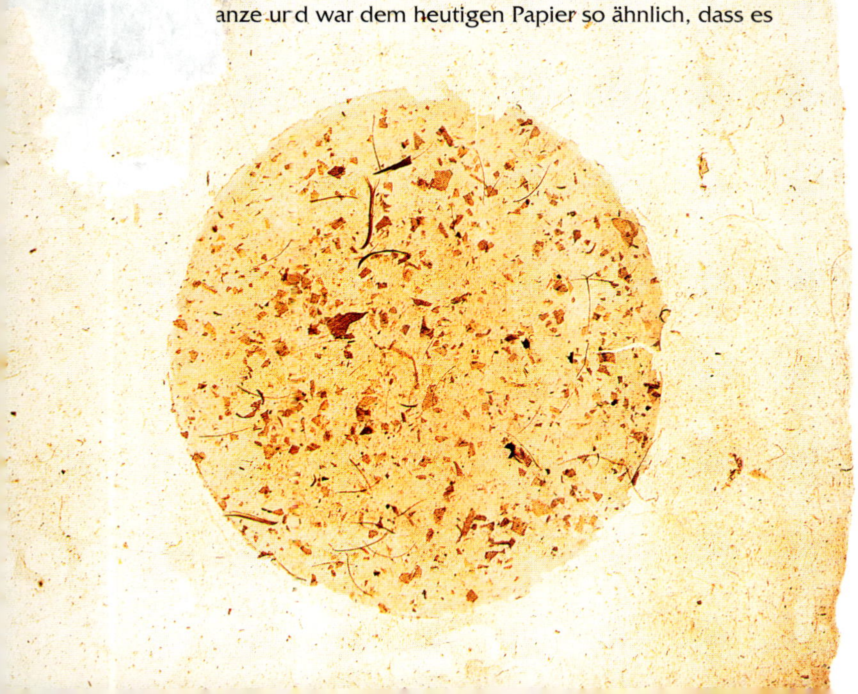

Das Wort »Papier« ist von der Papyruspflanze abgeleitet *(Cyperus papyrus)*, einer Schilfstaude, die früher überall an den Nilufern wuchs. Heute findet man sie nur noch in Teilen des Tschad. Die Ägypter entdeckten, dass sich aus dieser Pflanze ein sehr stabiler Schreibgrund herstellen ließ. Die Stängel der Pflanze wurden geschnitten und geschält, danach trennte man die einzelnen Fasern des Markes und legte sie flächig aus. Darauf kam eine zweite Faserschicht. Das Ganze wurde zu einem flachen Bogen geschlagen und mit einem Knochen poliert.

Faserpapier

Das erste »echte« Papier wurde zweifelsfrei im alten China hergestellt. Im Jahre 105 n. Chr. stellte Ts'ai Lun, der noch heute als der Erfinder des Papiers gilt, dem chinesischen Kaiser sein Produkt vor. Das Grundmaterial war Hanf, aus dem üblicherweise Fischernetzte geknüpft wurden. Er weichte den Hanf ein und schlug ihn so lange mit einem hölzernen Werkzeug, bis sich die Fasern voneinander lösten. So entstand eine breiige Masse, die er in eine Form schöpfte. In gleicher Weise wird noch heute handgeschöpftes Papier hergestellt. Der Chinese verfeinerte seine Technik, indem er eine Form entwickelte, deren Oberfläche aus Bambus bestand. Von der glatten Innenfläche der Form ließen sich die Bögen leichter und vor allem schneller abziehen, so konnte man die Produktionsrate erhöhen. Die Chinesen entdeckten auch die Stärke als Bindemittel. Um Insekten fern zu halten, färbten sie das Papier gelb ein.

Erst etwa 500 Jahre später hatte sich die Kunst der Papierherstellung bis Japan ausgebreitet. Von dort gelangte sie über Tibet nach Zentralasien. So mussten in Samarkand nach der Schlacht von Turkestan chinesische Gefangene das begehrte Papier für ihre Bezwinger produzieren.

Im 8. nachchristlichen Jahrhundert war die Kenntnis der Papierherstellung westwärts über Bagdad nach Ägypten und Marokko vorgedrungen. Erst im 10. Jahrhundert fand sie Eingang in Europa, obwohl sich die christlichen Herrscher anfangs gegen diesen unerwünschten Einfluss islamischer Kultur wehrten. Kaiser Friedrich II. ließ 1221 sogar alle auf Papier geschriebenen Dokumente für ungültig erklären.

Nach der Erfindung der Buchpresse im 15. Jahrhundert änderte sich diese skeptische Einstellung. Von da an entwickelten sich die Techniken der Papierherstellung und die des Buchdrucks in annähernd gleichem Tempo. Die ersten europäischen Papiermühlen verarbeiteten damals Lumpen aus Leinen und Baumwolle, die in einer alkalischen Lauge eingeweicht und zu Faserbrei zerstampft wurden. Der Brei wurde zu Bögen geformt, gepresst und getrocknet. Dieses Verfahren werden Sie später genauer kennen lernen.

Um 1700 unternahm man erste Versuche mit Holzpulpe als Rohstoff für die Papierherstellung. Wichtige Impulse dazu gaben der Engländer Mathias Koops und die Entwicklung mechanischer Holzmühlen. Ende des 18. Jahrhunderts experimentierten amerikanische Papiermühlen mit Baumrinde, Abfällen von der Zuckerrohrernte, Stroh und Getreidehalmen, doch es dauerte noch weitere 70 Jahre, bis dort die erste Zeitung – das Boston Weekly Journal – auf Papier aus gemahlenem Holz gedruckt wurde.

1798 stellte der Franzose Nicholas-Louis Robert den Prototypen einer Maschine vor, mit der das Papier auf einer langen Bahn aus Drahtgewebe hergestellt wurde. Damit sollten Banknoten produziert werden, die nach der Französischen Revolution knapp geworden waren. Der Engländer John Gamble sicherte sich 1801 das Patent für eine verbesserte Version dieser Maschine. Die Brüder Henry und Sealy Fourdrinier waren von der Technik so beeindruckt, dass sie den Ingenieur Brian Donkin beauftragten, ein neues und verfeinertes Modell zu entwickeln. Fünfzig Jahre später hatte Donkin 191 solcher Maschinen gebaut. 1809 stellte der Engländer John Dickinson die erste Papiermaschine vor, die mit einer Rollentechnik arbeitete. Kurz darauf präsentierte Thomas Gilpin ein ähnliches Modell in Amerika.

Während sich die industriellen Herstellungstechniken für Papier unaufhörlich weiter entwickeln, erwacht auf der Schwelle des 21. Jahrhunderts auch ein gesundes Umweltbewusstsein und eine neue Achtung vor den alten Handwerkstechniken der Papierherstellung, die sehr viel Kreatives und Künstlerisches in sich tragen.

Die Instrumente

Bei den meisten kunsthandwerklichen Techniken steht und fällt der Erfolg mit der Qualität des Werkzeugs. Das ist beim Papierschöpfen anders. Einer der großen Vorteile dieses Hobbys ist, dass fast alle nötigen Gerätschaften entweder bereits im Haushalt vorhanden sind oder problemlos selbst hergestellt werden können. Die einzigen Spezialwerkzeuge sind Schöpfsieb und Rahmen, und auch diese sind im Handumdrehen aus Leisten und Tüll- oder Vorhangresten gebaut (siehe Anleitung auf Seite 11). Verschiedene Fachgeschäfte für Hobbybedarf bieten diese Gerätschaften auch an (siehe Bezugsquellen auf Seite 79). Durchstöbern Sie Küchenschrank und Garage nach den folgenden Requisiten, und schon können Sie mit faszinierenden Papier-Experimenten beginnen.

Bügeleisen: Wer keines besitzt, ist mir ausgesprochen sympathisch. Wer jedoch glattes Schreibpapier herstellen möchte, muss sich überwinden und eines anschaffen.

Bütte: Siehe Waschschüssel oder Plastikwanne.

Flaches Kunststofftablett: Dient als Unterlage beim Abgautschen (siehe Seite 17).

Glasplatte: Zum Herstellen von Schreibpapier mit glatter Oberfläche. Sie können auch einen Spiegel verwenden.

Kochtopf (Emaille oder Edelstahl): Zum Aufkochen von Pflanzenfasern. Nicht erforderlich, wenn Sie nur Altpapier verarbeiten wollen.

Löffel (Edelstahl oder Kunststoff): Benötigen Sie, um mit Tupfen und Flecken aus kontrastfarbiger Pulpe kreative Muster zu gestalten.

Messbecher: Zum Abmessen des Wassers für die Pulpe.

Mixer/Pürierstab: Für die Papierherstellung eignet sich ein Mixer mit einem Becher-Aufsatz besser als ein Pürierstab. Ein preiswertes Gerät aus dem Schnäppchenmarkt ist für diesen Zweck völlig ausreichend. Natürlich kann man die Pulpe auch mit der Hand schlagen, aber ein Mixer spart viel Kraft und Zeit.

Nylontüll: Wird gebraucht, wenn Sie Papier aus Textilfasern herstellen möchten. Er eignet sich auch zum Bespannen des Schöpfsiebes und zum Abtropfen von überschüssigem Wasser aus Pulpe, die Sie aufbewahren wollen.

Palettmesser: Sind ideal, um Papierbögen von der Form zu lösen. Wenn Sie kein solches Messer besitzen, können Sie auch ein großes Küchenmesser mit glatter Klinge verwenden.

Pfannen-Spritzsiebe: Legt man eigentlich auf die Bratpfanne, um Fettspritzer aufzufangen. Sie sind aber auch bestens geeignet zum Herstellen runder Papierbögen.

Plastikeimer: Werden gebraucht, um Papierreste einzuweichen, die Sie weiter verarbeiten möchten.

Presse: Sie wird zum Pressen nasser Papiere gebraucht und lässt sich aus zwei Sperrholzplatten und vier Schraubzwingen leicht selbst bauen. Trockenes Papier pressen Sie unter einem Stapel Bücher oder unter einer beschwerten Platte.

Sauciere: Zum Auftragen dicker, dekorativer Pulpetropfen.

Saugfähige Küchentücher: Werden zum Abgautschen benötigt (siehe Seite 17).

Schöpfsieb und Rahmen: Die Pulpe wird mit dem Sieb aus der Bütte geschöpft. Der Rahmen sorgt für saubere Blattränder. Ausführliche Informationen auf der nächsten Seite.

Schraubgläser oder Kunststoffdosen: Zum Aufbewahren von übrig gebliebener Pulpe.

Schwämme: Werden benutzt, um Wasser aufzusaugen und die Arbeitsfläche stets sauber und fleckenfrei zu halten.

Trichter: Zum Umfüllen von Pulperesten in Schraubgläser.

Wäscheklammern: Werden benötigt, um feuchte Papierbögen an einer Wäscheleine im Haus zum Trocknen aufzuhängen. Maulklammern sind ebenfalls geeignet.

Waschschüssel oder Plastikwanne: Ich verwende in diesem Buch durchweg den Begriff »Bütte« für das Gefäß, aus dem die Pulpe geschöpft wird. Ideal für diesen Zweck ist eine rechteckige Waschschüssel, die an allen Seiten mindestens 10 cm größer ist als das Schöpfsieb mit Rahmen. Auch ein Katzenklo eignet sich sehr gut – sprechen Sie aber vorher mit Ihrer Katze! Passionierte Papierhersteller besitzen mehrere Bütten.

Zeitungspapier: Ist für die Herstellung von Papier ungeeignet. Zum Abgautschen frisch geschöpfter Papiere sollten Sie jedoch immer einen guten Vorrat alter Zeitungen parat haben (siehe Seite 17).

Schöpfsieb und Rahmen

Schöpfsieb und Rahmen sind die wichtigsten Werkzeuge beim Papier schöpfen: Sie verwandeln den Faserbrei (Pulpe) in sauber geformte Papierbögen. Dabei bestimmen Form und Größe des Siebes die spätere Form und Größe Ihres Papiers. Der Rahmen wird lose über das Sieb gelegt. Er verhindert das Verlaufen der Pulpe und sorgt so für saubere Blattränder. Ein Rahmen ist vor allem nützlich, wenn Sie mehrere gleiche Bögen schöpfen wollen. Zwischen dem Sieb und der Rahmenkante setzen sich meist kleine Mengen Pulpe ab. Sie sind es, die dem handgeschöpften Papier seinen charakteristischen, unregelmäßigen Rand geben.

Ein einfaches Schöpfsieb fertigen Sie, indem Sie einen Holzrahmen mit einem stabilen Gittergewebe bespannen. Durch das Sieb tropft das Wasser aus der dünnen Pulpeschicht, die sich beim Schöpfen darauf ablagert. Folgende Materialien eignen sich gut als Bespannung für ein Schöpfsieb:

- ❑ Nylon-Gardinentüll
- ❑ Siebdruck-Gewebe
- ❑ Fliegengitter
- ❑ Segeltuch, Malerleinwand oder synthetischer Stramin (zum Beispiel zum Sticken)
- ❑ Moskitonetz

Ein Schöpfsieb bauen

Für ein einfaches Schöpfsieb im Format DIN A4 (297 x 210 mm) brauchen Sie:

- ▷ 2 Leisten aus Kiefern- oder Fichtenholz in den Maßen 40 x 5 x 2,5 cm
- ▷ 2 Leisten aus Kiefern- oder Fichtenholz in den Maßen 22 x 5 x 2,5 cm
- ▷ Holzleim, Hammer und Nägel oder kräftigen Tacker
- ▷ 4 Messingwinkel
- ▷ Polyurethanlack

Die Leisten werden so zu einem Rechteck zusammengefügt, dass die längeren Leisten seitlich die Stirnenden der kurzen abdecken. Dabei liegen die Leisten auf der breiten Seite, die Rahmenhöhe beträgt also 2,5 cm. Die Fugen werden verleimt und zusätzlich zusammengenagelt. Alternativ können Sie die Fugen auch mit dem Tacker fixieren. Als zusätzliche Stabilisierung schrauben Sie die Messingwinkel über die Ecken. Durch einen sorgfältigen Anstrich mit Lack wird das Holz vor Nässe geschützt. Wenn der Lack trocken ist, feuchten Sie das Netzgewebe an, spannen es stramm über den Rahmen und tackern die Kanten fest.

Einen Rahmen bauen

Bauen Sie nach der obigen Anleitung einen zweiten Leistenrahmen, der allerdings nicht bespannt wird, sondern als Rand des Schöpfsiebes fungiert. Seine Proportionen sollen mit denen des Schöpfsiebes übereinstimmen. Schöpfsieb und Rahmen können in beliebigen Größen hergestellt werden. Ihre Bütte muss aber so groß sein, dass neben dem Rahmen auch ihre Hände noch bequem darin Platz haben – schließlich müssen Sie Sieb und Rahmen beim Schöpfen festhalten.

So geht es auch

Es gibt eine Reihe von Gegenständen, die sich gut als Schöpfwerkzeug zweckentfremden lassen. Vielleicht haben Sie den einen oder anderen davon zur Hand:
Runde Stickrahmen *mit Spannschraube gibt es in verschiedenen Größen. Man kann darin sehr gut Tüll einspannen.*
Keilrahmen *zum Zusammenstecken verwendet man eigentlich zum Spannen von Malerleinwand. Man kann aber auch Gitterstoff darauf festtackern.*
Bilderrahmen *lassen sich ebenfalls gut mit Gitterstoff bespannen und zum Schöpfsieb umfunktionieren.*
Pfannen-Spritzsiebe *sind ein praktisches Hilfsmittel zum Schöpfen runder Papierbögen in verschiedenen Größen.*

PAPIER-KOMPOSITIONEN

Die wichtigste Zutat für die Papierherstellung ist überall im Überfluss zu finden und wird meist als Müll verkannt: Altpapier. Es ist ungemein befriedigend, in Papierkörben auf Beutezug zu gehen und die verschiedenen Fundstücke in kleine Kunstwerke zu verwandeln. Neben dem Herstellen der eigentlichen Pulpe liegt der Reiz beim Papierschöpfen hauptsächlich darin, mit Farben und Strukturen kreativ zu gestalten und weitere Zutaten wie Blätter und Blüten, Gräser oder Obstschalen fantasievoll zu integrieren. Das Beste an diesem Hobby aber ist, dass es fast nichts kostet. Fehl geschlagene Experimente lassen sich mühelos und preiswert korrigieren. Lesen Sie auf den folgenden Seiten die wichtigsten Grundregeln.

Leider lassen sich nicht alle Papiere wiederverwerten. Hier finden Sie eine Liste, aus der Sie entnehmen können, bei welcher Art von Papier sich das Sammeln lohnt und welche Papiere sich nicht eignen.

Bitte aufbewahren

- ▷ Computerpapier
- ▷ Kopierpapier aus dem Reißwolf
- ▷ Seidenpapier
- ▷ Krepppapier
- ▷ Zeichenpapier
- ▷ Dünne Pappe
- ▷ Eierkartons
- ▷ Papierservietten
- ▷ Farbige Briefumschläge
- ▷ Papiertüten (auch farbige)

Lieber wegwerfen

- ▷ Zeitungen
- ▷ Hochglanzpapier (Zeitschriften oder Broschüren)
- ▷ Glänzende oder beschichtete Pappe
- ▷ Stark bedrucktes Papier
- ▷ Mit Ölfarben bemaltes Papier
- ▷ Dicke Pappe (muss sehr lange einweichen, daher ungeeignet für Ungeduldige)

Wasserspiele

Die zweite wichtige Zutat für die Papierherstellung ist Wasser. Normalerweise kann einfaches Leitungswasser verwendet werden. Nur wenn es Verunreinigungen enthält, sollten Sie es vor der Verwendung filtern. So gehen Sie sicher, dass diese sich nicht auf der Oberfläche Ihres Papiers ablagern und eventuell Flecken verursachen. Sie können einfach ein Stück Gaze über den Wasserhahn ziehen, um gröbere Verunreinigungen aufzufangen. Wenn Sie ganz sicher gehen wollen, verwenden Sie einen speziellen Wasserfilter.

Auch der pH-Wert des Leitungswassers kann sich auf die Qualität Ihres Papiers auswirken. Ist es ungewöhnlich basisch oder sauer, so wird das Papier im Lauf der Zeit brüchig. pH-Teststreifen bekommen Sie in der Apotheke, im Gartencenter oder in Zoogeschäften, die auch Aquarienbedarf verkaufen. Ideal für die Papierherstellung ist ein pH-Wert um acht.

Zusätze: Wenn Sie alle Grundzutaten beisammen haben, können Sie über Farbe, Duft und Dekoration nachdenken. In diesem Buch lernen Sie verschiedene Techniken zur Verarbeitung solcher Zusätze kennen. Natürlich können Sie aber die Zutaten auch jederzeit verändern oder variieren, um ganz persönliche Meisterwerke zu schaffen.

Farbe bekennen

Die Herstellung von farbigem Papier gelingt am sichersten, wenn Sie farbige Papierservietten verwenden. Stellen Sie die Pulpe ausschließlich aus Servietten her, erhalten Sie intensive Farbtöne. Pastellfarben entstehen durch Mischen weißer Pulpe mit aufgelösten und zerkleinerten Papierservietten. Auch Krepppapier und Seidenpapier eignen sich für diesen Zweck. Allerdings sind diese Papiere nicht immer farbecht, sie können auf Blätter und andere dekorative Zusätze in der Pulpe abfärben.

Wasserlösliche Textilfarben lassen sich gut unter die fertig vorbereitete Pulpe mischen, auch mit wasserlöslichen Farbpulvern und flüssigen Lebensmittelfarben erzielen Sie gute Ergebnisse. Geben Sie die Färbemittel während des Zerkleinerungsvorganges im Mixer tröpfchenweise unter die Pulpe, bis Ihnen der Farbton zusagt. Bedenken Sie aber, dass durch das Trocknen die Farben heller werden.

Mit natürlichen Färbemitteln erzielt man wunderbar sanfte Effekte, allerdings verblassen diese Farben relativ leicht. Tee und Kaffee färben recht zuverlässig. Mit Zwiebelschalen lassen sich schöne Gold- und Herbstlaubtöne zaubern. Experimentieren Sie auch mit den Pink- und Violett-Tönen von Schlehen und Pflaumen. Die Farbintensität hängt vom Anteil der pflanzlichen Substanz in der Pulpe ab, ebenso von deren Wassergehalt. Auch die Grundfarbe der Pulpe wirkt sich natürlich auf die Farbeffekte aus.

Einige Pflanzenfarben gehen erst durch die Behandlung mit einem säurehaltigen Fixierer eine dauerhafte Verbindung mit der Faser ein. Da die Verwendung solcher Farben kompliziert ist, sollten Sie sich gründlich mit den Anwendungshinweisen der Hersteller auseinandersetzen, ehe Sie mit dem Experimentieren beginnen.

Der Natur auf der Spur

Manche der schönsten Papiere gewinnen ihren Reiz erst durch Zusätze aus der Natur. Frische und getrocknete Blütenblätter, Schalen von Zitrusfrüchten, Blätter, Kräuter und Farne, Samenstände und Gräser können unter die Pulpe gemischt oder auf dem noch nassen Papier zu Mustern arrangiert werden. Farne und einige andere frische Pflanzen färben jedoch leicht ab. Darum sollten Sie diese für einige Minuten in kochendes Wasser legen und auf Löschpapier oder Küchenkrepp abtrocknen lassen. Färben die Pflanzenteile auf das Papier ab, wiederholen Sie den Vorgang.

Zarte Blütenblätter kocht man nicht ab, vielmehr müssen sie vor der Verarbeitung gepresst oder getrocknet werden. In der Mikrowelle können Sie den Trocknungsvorgang erheblich beschleunigen. Legen Sie die Blüten oder die einzelnen Blütenblätter auf einem Stück geeigneten Papiers in den Mikrowellenherd und schalten Sie das Gerät etwa vier Minuten lang auf die höchste Stufe. Ganz zarte Blütenblätter sind schon nach drei Minuten trocken.

Obertöne

Wenn Sie auf Ihrem selbst gemachten Papier einen persönlichen Brief schreiben, können Sie mit den richtigen pflanzlichen Zusätzen auch dem Papier selbst eine Botschaft mit auf den Weg geben. So kann der Empfänger auch zwischen den Zeilen lesen. Hier finden Sie einige Übersetzungen für die Sprache der Pflanzen, die Ihnen die Auswahl erleichtert.

BOTSCHAFT	PFLANZE	BEDEUTUNG
Gute Besserung	Balsampappel	Linderung, Erleichterung
Geharnischter Brief	Basilikum	Hass
Dankeschön	Weiße Glockenblume	Dankbarkeit
	Flachs	Ich spüre deine Zuneigung
Moralischer Rückhalt	Blaue Glockenblume	Beständigkeit
Warnung	Borretsch	Offenheit
Bitte melde dich	Marienglockenblume	Bestätigung
Gut gemacht	Fenchel	Lob, Anerkennung
Zum Muttertag	Moos	Mutterliebe
Von Herzen	Farn	Ehrlichkeit
Liebesbrief	Vergissmeinnicht	Wahre Liebe
	Geißblatt	Innige Verbindung
Ich denke an Dich	Stiefmütterchen	Nähe
Brief an den Chef	Salbei	Hochachtung
Freundschaft	Efeu	Treue
Ich will mich trennen	Eiche	Tapferkeit
Du verwirrst mich	Jungfer im Grünen	Verwirrung
Hilfsangebot	Minze	Tugend
In liebevollem Andenken	Rosmarin	Erinnerung
Warum schreibst du nicht?	Thymian	Aufforderung
Schick mir Geld!	Weizenstroh	Reichtum

Schrille Effekte

Wenn Ihnen all die ökologisch und politisch korrekten Papiere zu brav sind, mischen Sie einfach unkonventionelle Extras in die Pulpe. Schauen Sie sich die Vorschläge an und experimentieren Sie nach Herzenslust:

- klein geschnittenes Lametta
- Glitter
- Reste von Satinbändern
- Pailletten
- Garnstückchen
- Sägemehl
- Kokosnuss-Fasern
- Flocken unversponnener Rohwolle
- Federn

Duftmarken

Nachdem die sinnlichen Bedürfnisse von Augen und Tastsinn auf ihre Kosten gekommen sind, könnten Sie auch der Nase noch einen speziellen Genuss anbieten. Es gibt mehrere Arten, Papier zu parfümieren. Sie können getrocknete duftende Kräuter verarbeiten oder einige Tropfen eines ätherischen Öls in die Pulpe einrühren. Wenn Sie duftende Kräuter oder Blüten unter die Pulpe mischen, geben diese dem Papier neben dem Duft eine spezielle Struktur. Die Pflanzen können aber auch als Einzelmotiv oder als Bordüre auf der Papieroberfläche fixiert werden (siehe Seite 38). Kräuter sollten vor der Verarbeitung fein zerkleinert und in der Mikrowelle getrocknet werden. So verhindern Sie, dass durch die natürlichen Pflanzenöle Flecken auf dem Papier entstehen. Schalen von Zitrusfrüchten und stark duftende Blütenblätter – zum Beispiel Rosenblätter – behalten auch nach dem Trocknen einen zarten Duft. Sie könnten auch eine Potpourri-Mischung in die Pulpe einrühren und so eine erotische Mischung von Farben, Strukturen und Düften komponieren.

So geht es auch

Fein parfümiertes Papier erhalten Sie, wenn Sie es neben einer edlen Duftseife aufbewahren, die zum alltäglichen Händewaschen zu schade ist. Sie könnten auch einen Hauch Ihres Lieblingsparfüms darüber sprühen. Wenn Sie eine prägnantere Duftnote wünschen, sprühen Sie mit einem Zerstäuber ätherisches Öl auf das noch feuchte Papier. Die Tabelle der Obertöne gegenüber hilft Ihnen, für Briefe aller Art den passenden Duft zu finden.

Finger übungen

Sind alle Zutaten zur Hand, geht es an die Herstellung der Pulpe (genaue Mengenangaben in den Rezepten).

1 Das Rohpapier wird in kleine Stücke gerissen und in kaltem Wasser über Nacht eingeweicht. Pappe 3 – 4 Tage lang in heißem Wasser einweichen.

2 Geben Sie eine Hand voll eingeweichtes Papier in den Mixer und füllen Sie ihn zu drei Vierteln mit Wasser auf.

3 Mixen Sie Papier und Wasser zehn Sekunden lang auf höchster Stufe durch. Wiederholen Sie diesen Vorgang so oft, bis die Mischung eine dickflüssige Konsistenz hat.

4 Schütten Sie die Pulpe in die Bütte und zerkleinern Sie in der gleichen Weise portionsweise das restliche Papier.

5 Nun kaltes Wasser und alle gewünschten Zusätze zur Pulpe geben. Zwischen zwei Schöpfvorgängen wird die Pulpe behutsam durchgerührt.

6 Den Rahmen auf das Sieb legen und senkrecht so in die Pulpe stellen, dass die bespannte Seite des Siebes zu Ihnen zeigt. Langsam in die Waagrechte bringen, nach oben aus der Pulpe heben.

7 Den Rahmen rütteln, damit sich die Fasern gleichmäßig verteilen. 20 Sekunden lang abtropfen lassen, danach Sieb und Rahmen leicht neigen und weitere 10 Sekunden lang abtropfen lassen.

8 Das Sieb auf eine ebene Unterlage stellen und den Rahmen vorsichtig abheben.

Herzlichen Glückwunsch – Sie haben soeben Ihr erstes Blatt Papier geschöpft.

Pulpe aufbewahren

Wenn Sie Pulpe aufbewahren möchten, sollten Sie diese vor dem Untermischen der Zusätze abfüllen. Warten Sie, bis die Fasern sich am Boden der Bütte abgesetzt haben und schütten Sie das darauf stehende Wasser vorsichtig ab. In einem verschlossenen Schraubglas oder einer Plastikdose hält sich der Faserbrei im Kühlschrank etwa zwei Wochen. Vor der Weiterverarbeitung hüllen Sie den Brei in ein Stück Tüll oder Käseleinen und spülen ihn gründlich mit kaltem Wasser ab. Pulpe, die frische pflanzliche Substanzen enthält, muss im Tiefkühlfach aufbewahrt werden. Selbst im Kühlschrank beginnen die pflanzlichen Stoffe schon nach ein bis zwei Tagen zu fermentieren oder zu schimmeln.

Abgautschen

Nachdem nun das erste Blatt Papier auf dem Schöpfsieb liegt, haben Sie verschiedene Möglichkeiten, es zu trocknen und zu pressen. Soll das Blatt ein spezielles Einzelstück sein, kann es auf dem Sieb an der Luft trocknen und danach mit einem Palettmesser abgehoben werden. Wollen Sie aus einer Portion Pulpe mehrere Bögen herstellen, so müssen diese zum Trocknen einzeln oder als Stapel ausgelegt werden. Diesen Vorgang nennt man »Abgautschen«.

Zum Abgautschen eines Stoßes Papier brauchen Sie:

- Plastiktablett
- 2 saugfähige Haushaltstücher für jedes Blatt Papier
- Großformatige Zeitungen
- 2 Holzplatten zum Pressen
- 4 Schraubzwingen oder schwere Gewichte
- Schwamm zum Aufwischen

Schneiden Sie die Tücher so zu, dass sie ringsum etwa 5 cm größer als das Schöpfsieb sind.

Die Unterlage: Zwei große Zeitungsbögen werden dreimal zur Hälfte gefaltet, so dass ein achtlagiges Päckchen entsteht. Falten Sie zwei Bögen zweimal in der Mitte und legen Sie diese auf die erste Zeitungslage. Nehmen Sie zwei weitere Bögen Zeitungspapier, falten Sie diese einmal und legen Sie sie auf die vorhergehenden. In der Mitte der Unterlage ist nun eine leichte Erhöhung entstanden. Feuchten Sie das Zeitungspapier gleichmäßig an. Befeuchten SIe eines der zugeschnittenen Tücher, legen Sie es auf das Zeitungspapier und streichen Sie es sorgfältig glatt.

Abgautschen: Befördern Sie das Blatt Papier vom Schöpfsieb mit einer »rollenden« Bewegung auf das Tuch. Anfänger kommen mit der folgenden Methode meist gut zurecht:

1 Das Schöpfsieb an den Schmalseiten festhalten und auf eine Längskante stellen. Das Papier zeigt dabei zur Zeitungsunterlage.

2 Jetzt das Schöpfsieb langsam zur vorbe reiteten Unterlage hin kippen.

Die meisten Rezepte in diesem Buch sind für Bögen im Format DIN A5 (210 x 148 mm) berechnet. Diese Größe eignet sich gut als Briefpapier und, wenn die Bögen einmal gefaltet werden, für Briefkarten. Generell bestimmt natürlich die Größe von Schöpfsieb und Rahmen das Papierformat. DIN-A4-Bögen haben die Abmessungen 297 x 210 mm, DIN-A3-Papier misst 420 x 297 mm.

Papierformate

3 In einer zügigen, fließenden Bewegung das Schöpfsieb mit leichtem Druck über die Unterlage »rollen«. Heben Sie die untere Kante des Siebes, und bringen Sie die obere Kante auf das vorbereitete Tuch herunter. Dabei löst sich das Papier vom Sieb.

Hinweis: Wenn das Papier Blasen wirft, geben Sie es zurück in die Bütte und lösen Sie es wieder auf. Verlieren Sie nicht den Mut – Übung macht bekanntlich den Meister.

4 Feuchten Sie zwei weitere Tücher an und decken Sie das Papier damit ab.

5 »Rollen« Sie das nächste Blatt Papier vom Sieb auf die Unterlage und decken Sie auch dieses mit einem feuchten Tuch ab. Fahren Sie so fort, bis alle Bögen jeweils zwischen zwei Tüchern aufgeschichtet sind.

Papier

Manche der aufregendsten Papiere lassen sich aus einfachem Altpapier und dünner Pappe herstellen. Das Rohmaterial wird zu einer Pulpe verarbeitet, der dekorative Zusätze beigegeben werden. Anschließend werden aus der Pulpe neue Bögen geschöpft. Dieses Verfahren ist nicht nur einfach, sondern auch ökologisch, da Sie wiederverwerten anstatt neue Rohstoffe zu verwenden. Darüber hinaus können Sie bei der Auswahl und Zusammenstellung der dekorativen Zusätze Ihrer Fantasie und Kreativität vollkommen freien Lauf lassen.

Nicht alle Papiere eignen sich zur Wiederverwertung. Hochglanzpapier von Zeitschriften und Broschüren ist mit Chemikalien beschichtet, die sich kaum auflösen lassen. Andere Papiere sind stark bedruckt und verursachen so unerwünschte Verfärbungen der Pulpe. Zeitungspapier beispielsweise ergibt leicht einen schmutzigen Grauton. Verwenden Sie nach Möglichkeit sauberes, unbedrucktes Papier. Kurz gesagt: Mit hochwertigem Rohmaterial erzielen Sie die besten Ergebnisse.

In die vorbereitete Basis-Pulpe arbeiten Sie ganz nach Belieben schrille Farben, exotische Düfte und interessante Strukturen ein. Sie können dickes oder dünnes Papier herstellen, Geschenkpapier und Schreibpapier mit Ihrer ganz persönlichen Note.

aus Altpapier

Vivaldi: Die vier Jahreszeiten

Diese Schreibpapier-Serie ist mit allerlei saisonalen Fundstücken aus der Natur dekoriert. Die zarten Hintergrundfarben entstehen dadurch, dass für jede Jahreszeit die Pulpe anders eingefärbt wurde. Experimentieren Sie mit Wildblumen im Frühling und Sommer oder mit farbigem Laub im Herbst. Für das Winterpapier eignen sich Blätter, die man zu klassischen Weihnachtsgestecken verwendet, etwa Mistel oder Stechpalme *(Ilex)*. Binden Sie die Seiten zu einem Tagebuch, das den Wechsel der Jahreszeiten bei jedem Umblättern spürbar macht. Verarbeiten Sie Blüten eines ganz speziellen Straußes zu einem Erinnerungsalbum oder für Hochzeitsfotos.

Frühling

Für die frühlingsfrische Tönung dieses Papiers wird eine Pulpe aus zart grünem Altpapier hergestellt. Durch sorgfältiges Pressen und Trocknen erhalten Sie eine glatte Oberfläche zum Beschreiben.

❑ Für vier DIN-A5-Bögen

- Etwa 40 g trockenes hellgrünes Papier
- Grüne Papierservietten
- Wasser
- 15 g (1 Esslöffel) geriebene Seife, aufgelöst in kochendem Wasser
- 15 g (1 Esslöffel) Wäschestärke, aufgelöst in 1/2 Tasse kaltem Wasser
- Getrocknete Blüten und Blütenblätter von Gänseblümchen, Primeln, Veilchen und Vergissmeinnicht

außerdem

- 2 Pressplatten, ringsum 5 cm größer als das Papier
- 4 Schraubzwingen oder schwere Gewichte
- Glasplatte oder beschichtete Spanplatte, groß genug für 4 Bögen DIN-A5-Papier
- Haushaltstücher
- Zeitungen
- Palettmesser

Die Pulpe nach der Anleitung auf Seite 16 zubereiten, dabei die Basis-Pulpe aus dem hellgrünen Papier und die färbende Pulpe aus den Servietten getrennt halten. Die hellgrüne Pulpe wird in die Bütte gegossen und mit Wasser zu einer cremigen Masse verdünnt. Sie brauchen dafür etwa drei Liter Wasser. Anschließend die aufgelöste Seife und Stärke zugeben und vorsichtig unterrühren.

Eine kleine Portion der färbenden Pulpe zugießen, dann ein Viertel der Mischung abfüllen und beiseite stellen. Der restlichen Basis-Pulpe wieder etwas Farbe beimischen und ein weiteres Viertel der nun intensiver grünen Pulpe abfüllen. Nachdem Sie auf diese Weise vier Portionen Pulpe in unterschiedlichen Grüntönen gemischt haben, fügen Sie den vier Mischungen die Blüten und Blütenblätter hinzu. Die Pulpe sehr behutsam umrühren, damit sich keine Luftblasen bilden. Schöpfsieb und Rahmen zusammen senkrecht in die Pulpe stellen, die bespannte Seite des Siebes zeigt zu Ihnen. Das Sieb langsam in die Waagrechte bringen und nach oben aus der Bütte heben. Das Sieb leicht rütteln, damit sich die Fasern gleichmäßig verteilen. Das Papier 20 Sekunden lang abtropfen lassen, dann das Schöpfsieb schräg halten und weitere 10 Sekunden lang abtropfen lassen. Zum Schluss den Rahmen abnehmen.

Vivaldi: Die vier Jahreszeiten

Abgautschen: Bereiten Sie aus Zeitungen nach der Anleitung auf Seite 17 eine Unterlage vor. Gautschen Sie das erste Blatt Papier ab und bedecken Sie es mit einem feuchten Tuch. Dabei werden eventuelle Falten sorgfältig glatt gestrichen. Ein weiteres feuchtes Tuch auf die Unterlage legen. Die nächsten drei Papierbögen entsprechend abgautschen. Die Bögen sollen möglichst exakt aufeinander liegen, so dass ein sauberer Stapel entsteht.

Pressen: Der Papierstapel wird auf die Pressplatte gelegt (siehe Anleitung auf Seite 18). Die zweite Platte auflegen und mit Gewichten beschweren oder mit Schraubzwingen zusammendrücken. Nach zehn Minuten den Druck der Zwingen erhöhen. Wiederholen Sie dies eine halbe Stunde lang in zehnminütigen Abständen, um nach und nach das überschüssige Wasser aus dem Papier zu pressen.

Glätten: Nehmen Sie das Papier und die Tücher aus der Presse. Ziehen Sie von jedem Papier das obere Tuch ab, legen Sie die Papiere mit dem zweiten noch anhaftenden Tuch nach oben auf eine beschichtete Spanplatte oder eine Glasscheibe und streichen Sie die Tücher glatt. Lassen Sie die Papiere 24 Stunden lufttrocknen.

Ziehen Sie von den durchgetrockneten Bögen die Tücher ab und lösen Sie anschließend das Papier mit dem Palettmesser von der Glasplatte. Mit einem schwach erhitzten Bügeleisen wird das Papier von der Rückseite gebügelt. Schließlich müssen die Bögen unter schweren Büchern oder einer beschwerten Platte noch mindestens 24 Stunden gepresst werden.

Zweifarbige Papiere sind ganz einfach herzustellen. Sie brauchen lediglich zwei Bütten mit unterschiedlich eingefärbter Pulpe. Tauchen Sie eine Seite des Schöpfsiebes in die eine Bütte, so dass die Pulpe etwa bis zur Mitte verläuft. Drehen Sie anschließend das Sieb und tauchen Sie es in die zweite Bütte mit andersfarbiger Pulpe. Im Grenzbereich fließen die beiden Farben leicht ineinander.

Sommer

Für den »Sommer« habe ich eine Basis-Pulpe aus verschiedenfarbigen Papieren zubereitet und zur Dekoration mit Blütenblättern von Ringelblumen und Sonnenblumen, Farnblättchen und Sommergräsern versetzt. Der Farbverlauf des Papiers entsteht durch Eintauchen in zwei Bütten mit unterschiedlich eingefärbter Pulpe.

Vivaldi: Die vier Jahreszeiten

Herbst

Seinen herbstlichen »Touch« erhält dieses Papier durch die warmen, sanften Farbtöne, die mit den trockenen Schalen von roten und braunen Zwiebeln zu erzielen sind. Die Zwiebelschalen werden in getrennten Töpfen 20 bis 30 Minuten lang ausgekocht und anschließend abgekühlt. Das Rohmaterial für die Pulpe sind gewöhnliche weiße Eierkartons. Für alle Papiere wird die gleiche Basis-Pulpe verwendet, verschiedene Zusätze sorgen für Dekoration und Abwechslung.

Für Papier 1 (oberster Bogen) einen Jogurtbecher braune Pulpe und getrocknete rote Herbstblätter zugeben.

Für Papier 2 (mittlerer Bogen) Sud und Schalen der braunen Zwiebeln sowie Stücke von trockenem braunem Farnkraut untermischen.

Für Papier 3 (unterster Bogen) braune Pulpe zusetzen, außerdem einen Joghurtbecher voll Sud und Schalen von roten und braunen Zwiebeln sowie verschiedene kleine, getrocknete Herbstblätter.

Winter

Die »Winter«-Kollektion der Vivaldi-Papiere wird nach dem gleichen Grundrezept hergestellt, jedoch ohne Blätter und Farnkraut. In das oberste Papier (Bild oben) wurden in der Mikrowelle getrocknete Schneeglöckchen eingearbeitet (siehe Auf den Spuren der Natur, Seite 13). Das mittlere Blatt ist mit winzigen Thujaspitzen dekoriert, die ebenfalls in der Mikrowelle getrocknet wurden. Winterlich edel sieht es aus, wenn Sie in die weiße Basis-Pulpe etwas grobflockige Pulpe aus silbernem Seidenpapier geben (Bild oben, unterster Bogen). Bei dem rechts abgebildeten Bogen ist das Skelett eines Stechpalmenblattes *(Ilex)* eingeschöpft. Solche filigranen Blattskelette finden Sie im Winter unter den Ilex-Sträuchern. Auch getrocknete Efeu-Blätter eignen sich gut zum Einschöpfen. Manchmal färben sie leicht auf das Papier ab, aber solche Ränder mit zartem Farbverlauf können durchaus dekorativ aussehen.

Punk Rock

Dieses Papier entstand, als ich einmal etwas ganz Schrilles und Buntes entwerfen wollte. Als Rohstoff habe ich neonbunte Papiere verwendet, wie man sie oft in Schaufenstern sieht. Schauen Sie einfach nach der Verkaufsaktion einmal dort vorbei und fragen Sie nach alten Plakaten. Schwarz bedruckte Bereiche werden vor der Zubereitung der Pulpe einfach ausgeschnitten. Die folgenden Anleitungen zeigen Ihnen, wie Sie aus einer Portion Pulpe verschiedene Papiere gestalten können.

❑ Für vier DIN-A5-Bögen

- Gleiche Mengen leuchtfarbiger Papiere in vier Farben (insgesamt etwa 40 g)
- Wasser
- 15 g (1 Esslöffel) geriebene Seife, aufgelöst in kochendem Wasser
- 15 g (1 Esslöffel) Wäschestärke, aufgelöst in 1/2 Tasse kaltem Wasser

außerdem

- 2 Holzplatten, ringsum 5 cm größer als das Papier
- 4 Schraubzwingen oder schwere Gewichte
- Haushaltstücher
- Zeitungen
- Palettmesser
- Kleines Gefäß (zum Beispiel eine alte Filmdose)

Das Papier einweichen und zu Pulpe zerkleinern, wie auf Seite 16 beschrieben. Jede Farbe separat verarbeiten.

Kunterbunt gescheckt: Von jeder Pulpe-Farbe ein Viertel in die Bütte geben und etwa drei Liter Wasser zufügen, bis eine cremige Masse entsteht. Seife und Stärke zugeben und vorsichtig verrühren. Schöpfsieb und Rahmen senkrecht halten, die bespannte Seite des Siebes zeigt zu Ihnen. Am hinteren Ende in die Bütte tauchen, langsam in die Waagrechte drehen und senkrecht nach oben aus der Pulpe heben. Sieb und Rahmen vorsichtig rütteln. 20 Sekunden abtropfen lassen, anschließend das Sieb schräg stellen und weitere 10 Sekunden abtropfen lassen. Den Rahmen entfernen. Das Blatt Papier auf eine vorbereitete Unterlage abgautschen (siehe Seite 17) und mit zwei angefeuchteten Tüchern abdecken. Alle Falten glatt streichen.

Schräge Streifen: Füllen Sie in das kleine Gefäß etwas einfarbige Pulpe ab. Halten Sie das leere Schöpfsieb über eine Bütte und lassen Sie aus dem Döschen Pulpe schräg über eine Ecke das Papiers tropfen. Wiederholen Sie den Vorgang mit Pulpe in anderen Farben, jeweils in schrägen Streifen, bis der ganze Rahmen ausgefüllt ist. Das Blatt auf die vorbereitete Unterlage mit dem ersten Blatt abgautschen und zwei feuchte Tücher darüber decken.

Gerade Streifen: Verfahren Sie nach der Anleitung für schräge Streifen, ordnen Sie diesmal die Pulpestreifen jedoch waagrecht an.

Halb und halb: Wählen Sie drei Pulpe-Farben aus und geben Sie jede in eine separate Bütte. Tauchen Sie das Schöpfsieb zur Hälfte in die erste Farbe, anschließend zur anderen zweite Hälfte in die zweite Farbe. Die dritte Farbe in ein Döschen füllen und eine Zickzacklinie dort aufträufeln, wo sich die beiden Hintergrundfarben treffen. Das Blatt abgautschen, glätten und mit dem letzten Tuch bedecken.

Der fertige Papierstoß wird auf eine Pressplatte gelegt (siehe Seite 17). Darauf legen Sie die zweite Pressplatte, beschweren diese mit Gewichten oder setzen die Schraubzwingen zunächst mit geringem Druck an. Nach etwa 10 Minuten wird der Druck verstärkt. Das Pressen, das etwa eine halbe Stunde dauert, soll das überschüssige Wasser aus dem Papier drücken.

Die obere Pressplatte entfernen, das oberste Blatt Papier zusammen mit den beiden anhaftenden Tüchern aufnehmen und alle drei Lagen zusammen zum Trocknen an eine Leine klammern. Mit den anderen drei Papieren ebenso verfahren. Nach dem Trocknen werden die Bögen gebügelt (Einstellung »Seide«) und anschließend die Tücher abgezogen.

Ein Blues

Mit diesem Papier in Blautönen schütteln Sie jede trübe Stimmung ab. Bei der Herstellung haben Sie die offizielle Erlaubnis, mit Tinte zu spritzen – vielleicht zum ersten Mal in Ihrem Leben! Klecksen und tropfen Sie nach Herzenslust – am Ende halten Sie ein wunderbar getupftes Papier in Ihren Händen.

❑ Für vier DIN-A5-Bögen

- Etwa 40 g hellblaues Papier
- 1 dunkelblaue Papierserviette
- Wasser
- 15 g (1 Esslöffel) geriebene Seife, aufgelöst in kochendem Wasser
- 15 g (1 Esslöffel) Wäschestärke, aufgelöst in 1/2 Tasse kaltem Wasser
- Tinte in Schwarz und verschiedenen Blautönen
- Stäbchen zum Sprenkeln

außerdem

- 2 Holzplatten, ringsum 5 cm größer als das Papier
- 4 Schraubzwingen oder schwere Gewichte
- Haushaltstücher
- Zeitungen
- Palettmesser

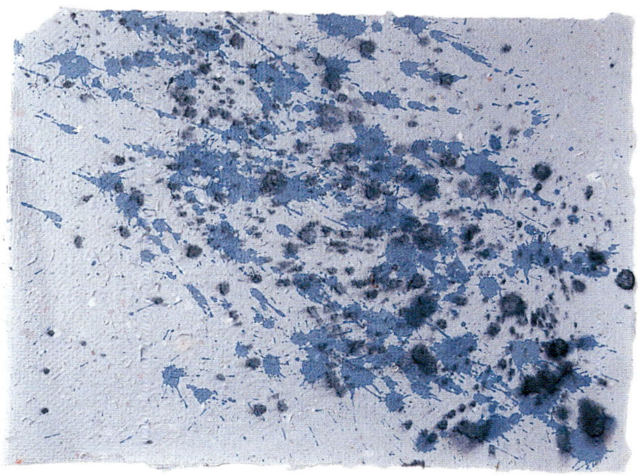

Das Papier wie auf Seite 16 beschrieben zu einer Pulpe verarbeiten und in vier Portionen teilen. Auch aus der blauen Serviette eine Pulpe herstellen und beiseite stellen. Zunächst eine Portion der hellblauen Basis-Pulpe in die Bütte geben und mit etwa drei Litern Wasser verdünnen, dann Seife und Wäschestärke zugeben und vorsichtig umrühren. Schöpfsieb und Rahmen senkrecht in die Bütte tauchen, so dass die bespannte Seite des Siebes zu Ihnen zeigt. Langsam in die Waagrechte bringen und nach oben aus der Pulpe heben. Das Sieb leicht rütteln, damit sich die Fasern gleichmäßig verteilen. 20 Sekunden abtropfen lassen, dann das Sieb schräg halten und weitere 10 Sekunden abtropfen lassen.

Für Papier 1 (gegenüber, unterster Bogen) blaue Tinte auf das frisch geschöpfte Papier sprenkeln, so dass die Tupfen fiedrig verlaufen. Den Rahmen abnehmen, dann das Papier auf dem Schöpfsieb trocknen lassen. Anschließend vorsichtig mit dem Palettmesser entfernen.

Papier 2 (Bild unten) wird ebenso hergestellt, nur mischen Sie vor dem Schöpfen einen Eierbecher voll dunkelblauer Pulpe unter die Basis-Pulpe. Das Papier wird zuerst auf dem Schöpfsieb getrocknet und dann mit blauer und schwarzer Tinte besprenkelt.

Für Papier 3 (gegenüber, mittlerer Bogen) wird weitere dunkelblaue Pulpe in die Basis-Pulpe gerührt. Wenn das Papier fast trocken ist, klecksen Sie dicke Tropfen schwarzer und blauer Tinte darauf.

Die gescheckte Grundfarbe von Papier 4 (gegenüber, oberster Bogen) kommt dadurch zu Stande, dass in die eingefärbte Pulpe von Papier 3 etwas weiße Pulpe gemischt wird. Anschließend wird verdünnte blaue Tinte mit schleudernden Bewegungen auf das noch nasse Papier getropft. Nachdem alle Papiere trocken sind, werden sie vom Schöpfsieb genommen und zwischen den Seiten eines schweren Buches mindestens eine Woche lang gepresst.

Diese Papiere werden in verschiedenen Trocknungsstadien dekoriert. Papier 2 (links) wird erst nach dem Trocknen besprenkelt. Von oben nach unten: Papiere 4, 3 und 1.

Stöbern Sie einmal im Nähkästchen nach dekorativen Zusätzen für Ihr Papier. Wie wäre es beispielsweise mit Garn, Bändern oder kleinen Resten von leichten Stoffen? Im Vordergrund: Papier 3. Darüber (von links nach rechts): Papiere 2, 1 und 4.

Pizzicato

Für diese reizvollen Papiere werden allerlei textile Zutaten kleingeschnitten und in die Pulpe gerührt. Sie eignen sich gut als Gruß- oder Briefkarten. Denken Sie daran, dass man solche Papiere auch ganz persönlich auf den Empfänger zu-»schnipseln« kann. Auf den Seiten 14 und 15 finden Sie weitere Anregungen.

❑ Für vier DIN-A5-Blätter

- Etwa 40 g trockene Papierservietten in Dunkelblau/ Violett, hellem Mauve und Weiß
- 1 großes Blatt blaugraues Schreibpapier
- Wasser
- 15 g (1 Esslöffel) geriebene Seife, in kochendem Wasser aufgelöst
- 15 g (1 Esslöffel) Wäschestärke, in 1/2 Tasse kaltem Wasser aufgelöst
- Reste von Bändern, Garnen, Seidenpapier und Organza

außerdem

- 2 Holzplatten, ringsum 5 cm größer als das Papier
- 4 Schraubzwingen oder schwere Gewichte
- Haushaltstücher
- Zeitungen
- Palettmesser
- Zackenschere

Papier und Servietten werden zunächst nach Farben getrennt zu Pulpe verarbeitet, wie auf Seite 16 beschrieben. Für Papier 1 (mittlerer Bogen) geben Sie die dunkelste Pulpe in die Bütte und fügen etwa drei Liter Wasser hinzu. Die gelöste Seife und Stärke vorsichtig einrühren. Kurze Stücke von Bändern und Garnen in die Pulpe geben und behutsam umrühren, damit sich keine Luftblasen bilden.

Schöpfsieb und Rahmen senkrecht in die Bütte tauchen, so dass das Sieb zu Ihnen zeigt. Langsam in die Waagrechte bringen und nach oben aus der Pulpe heben. Das Sieb leicht rütteln, damit sich die Fasern gleichmäßig verteilen, danach 20 Sekunden abtropfen lassen. Anschließend das Sieb schräg halten und weitere 10 Sekunden abtropfen lassen. Den Rahmen entfernen, das Papier auf dem Sieb trocknen lassen und anschließend vorsichtig mit dem Palettmesser abheben.

Für Papier 2 (unterster Bogen) verwenden Sie die Pulpe aus hell mauvefarbenen Papierservietten und geben etwas weiße Pulpe hinzu. Folgen Sie der Anleitung für Papier 1, verwenden Sie aber für dieses Papier längere Garn- und Bandabschnitte. Gleich nach dem Herausheben des Siebes aus der Bütte streuen Sie noch einige weitere Schnipsel auf das nasse Papier.

Für Papier 3 (Vordergrund) die Pulpe aus hell mauvefarbenen und weißen Servietten mit einer Tasse voll blaugrauer Pulpe mischen. Mit einer Zackenschere kleine Stücke Organza ausschneiden und auf die Pulpe-Mischung streuen. Dann wie im Originalrezept fortfahren.

Papier 4 (rechter Bogen) besteht aus einer Mischung aus mauvefarbener und weißer Pulpe, die mit einem Teelöffel voll violetter Pulpe abgetönt ist. Mit der Zackenschere aus Seidenpapier kleine Formen ausschneiden, auf die Pulpe streuen und das Papier wie gewohnt schöpfen.

Pailletten, Glitzersternchen, winzige Metallic-Blättchen und andere funkelnde Kleinigkeiten können der Pulpe beigesetzt werden.

Waldeslust

Verschiedene Moose von feuchtem Holz und Ufersteinen eignen sich gut als dekorative Zutat. Der Hintergrund bleibt hell, das cremeweiße Papier wirkt sanft und natürlich. Für diese Papiere wurden frische Moose verarbeitet: Getrocknetes Moos eignet sich aber ebenso gut, dabei entfällt lediglich die Behandlung in der Mikrowelle.

❑ Für vier DIN-A5-Blätter

- Etwa 40 g weißes Computerpapier
- 1 Blatt gelblich-grünes Papier (DIN A4)
- Braune Papiertüte
- Wasser
- 15 g (1 Esslöffel) geriebene Seife, aufgelöst in kochendem Wasser
- 15 g (1 Esslöffel) Wäschestärke, aufgelöst in 1/2 Tasse kaltem Wasser
- Verschiedene Moose

außerdem

- 2 Holzplatten, ringsum 5 cm größer als das Papier
- 4 Schraubzwingen oder schwere Gewichte
- Beschichtete Platte oder Glasscheibe, groß genug für 4 DIN-A5-Bögen
- Haushaltstücher
- Zeitungen
- Palettmesser

Das weiße, braune und gelblich-grüne Papier separat gemäß der Anleitung auf Seite 16 zu Pulpe verarbeiten.
Die weiße Pulpe in die Bütte geben und mit 3 Litern Wasser zu einer cremigen Masse verdünnen. Seife und Stärke zugießen, verrühren. Frisches Moos drei bis vier Minuten in der Mikrowelle trocknen, bis es beim Berühren knistert.

Etwas Moos auf die Pulpe streuen und sachte einrühren, damit sich keine Luftblasen bilden. Schöpfsieb und Rahmen senkrecht in die Bütte tauchen, so dass die bespannte Seite des Siebes zu Ihnen zeigt. Langsam in die Waagrechte bringen und nach oben aus der Pulpe heben. Das Sieb leicht rütteln, damit sich die Fasern gleichmäßig verteilen, danach 20 Sekunden abtropfen lassen. Anschließend das Sieb schräg halten und weitere 10 Sekunden abtropfen lassen. Den Rahmen entfernen.

ABGAUTSCHEN: Das fertige Papier auf die vorbereitete Unterlage aus Zeitungspapier abgautschen (siehe Anleitung auf Seite 17) und mit einem zweiten feuchten Tuch bedecken. Alle Falten sorgfältig glatt streichen, dann ein drittes Tuch auf das vorhandene zweite legen. Die weiteren Blätter in der gleichen Weise abgautschen. Vor dem Schöpfen der Papiere die Pulpe jeweils anders abtönen und neues Moos aufstreuen. Papiere und Tücher möglichst exakt aufeinander legen, so dass ein sauberer Stoß entsteht.

PRESSEN: Den Stoß auf eine Pressplatte legen (ausführliche Anleitung auf Seite 18) und mit der zweiten Pressplatte bedecken. Mit Gewichten beschweren oder die Schraubzwingen ansetzen. Nach zehn Minuten die Zwingen fester anziehen. Der Pressvorgang dient dazu, das überschüssige Wasser aus dem Papier zu drücken. Er dauert etwa eine halbe Stunde.

GLÄTTEN: Die Papiere und Tücher aus der Presse nehmen. Von jedem Bogen ein Tuch abziehen, dann die Papiere mit dem zweiten Tuch nach oben auf eine Glasplatte oder beschichtete Holzplatte legen. Das Papier andrücken und etwa 24 Stunden lang an der Luft trocknen lassen. Anschließend die Tücher von den Papierrückseiten lösen und die Bögen mit dem Palettmesser von der Glasplatte abheben. Das Papier mit einem lauwarmen Bügeleisen von der Rückseite her bügeln, danach mindestens 24 Stunden lang unter schweren Büchern pressen.

Laminierte

Mit »Laminieren« bezeichnet man Techniken, durch die zwei oder mehr dünne Schichten fest miteinander verbunden werden. In der Papierherstellung eröffnet diese Technik verschiedene interessante Möglichkeiten, um Formen, Farben und Strukturen zu kombinieren. Sie können schlichtes Papier mit bunten Tupfen, Schnipseln von Notenpapier, edlen Monogrammen oder spektakulären Bordüren dekorieren. Dabei gehen die Dekorationen stets eine feste Verbindung mit dem Papier ein. Sehen Sie auf den folgenden Seiten, wie einfach diese Techniken sind.

Laminieren schützt auch die Oberfläche des Papiers. Durch Beschichtung mit transparentem Netzgewebe aus dem Baumarkt erhalten Sie ein stabiles Papier, aus dem sich beispielsweise sehr schöne Lampenschirme oder Bucheinbände herstellen lassen. Natürlich können Sie zwischen Papier und schützender Netzschicht auch dekorative Details wie getrocknete Blätter oder Blüten befestigen. So sind die zarten Pflanzen ebenfalls geschützt, gleichzeitig haben Sie bei der Arbeit das Arrangement stets unter Kontrolle. Durch den Aufbau mehrerer Pulpe-Schichten verstärken Sie das Papier, Sie erhalten einen stabilen Karton. Möchten Sie eher feines Papier herstellen, verdünnen Sie die Pulpe einfach stärker mit Wasser.

Mit Ausnahme des Netzgewebes, das für drei Rezepte verwendet wird, benötigen Sie auch für diese Technik keine speziellen Werkzeuge oder Zutaten.

Papiere

Ringel reihen

Tolle Effekte können Sie erzielen, indem Sie das Schöpfsieb in unterschiedlich gefärbte Pulpen eintauchen. Auf diese Weise lassen sich in Handumdrehen Papiere mit farbigen Rändern gestalten. Wenn Sie in besonders kreativer Stimmung sind, können Sie Rand (und Papier) zusätzlich mit getrockneten Blüten und Blättern verzieren.

❑ Für vier DIN-A5-Blätter

- Etwa 40 g weißes Papier
- Rostrote Papierservietten
- Wasser
- 15 g (1 Esslöffel) geriebene Seife, aufgelöst in kochendem Wasser
- 15 g (1 Esslöffel) Wäschestärke, aufgelöst in 1/2 Tasse kaltem Wasser
- Getrocknete Blätter und Blütenblätter

außerdem

- 2 Holzplatten, ringsum 5 cm größer als das Papier
- 4 Schraubzwingen oder schwere Gewichte
- Beschichtete Platte oder Glasscheibe groß genug für 4 DIN-A5-Bögen
- Haushaltstücher
- Zeitungen
- Palettmesser

Das weiße Papier und die Servietten getrennt zu Pulpe verarbeiten (siehe Seite 16).

Die gesamte weiße Pulpe mit 1/2 Tasse der rostroten Pulpe in die Bütte geben und mit etwa drei Litern Wasser zu einer cremigen Masse verdünnen. Anschließend die gelöste Seife und Stärke zugeben und verrühren. Einige Blütenblätter auf die Pulpe streuen und vorsichtig einrühren, so dass keine Luftblasen entstehen. Eine zweite Bütte mit rostroter Pulpe entsprechend vorbereiten.

Halten Sie Schöpfsieb und Rahmen zusammen fest und tauchen Sie eine Schmalseite in die rostrote Pulpe. Bringen Sie das Sieb in waagrechte Position, ohne es jedoch ganz unterzutauchen, dann heben Sie es heraus. Nun liegt ein farbiger Pulpestreifen auf der Schmalseite des Siebes. Wiederholen Sie den Vorgang mit einer Breitseite des Siebes, so dass Sie einen L-förmigen Streifen erhalten. Das Sieb vorsichtig rütteln, um die Fasern gleichmäßig zu verteilen, dann 20 Sekunden lang abtropfen lassen. Anschließend das Sieb leicht neigen und weitere 10 Sekunden abtropfen lassen. Die Kante des Streifens kann bei Bedarf mit einem feinen, angefeuchteten Pinsel geglättet werden. Zum Schluss den Rahmen abnehmen.

Abgautschen: Bringen Sie zunächst den Randstreifen auf die vorbereitete Unterlage (siehe Anleitung auf Seite 17).

Schöpfen Sie anschließend einen ganzen Bogen Papier aus der hellen Pulpe und gautschen diesen auf dem farbigen Rand ab.

Das Papier mit einem feuchten Tuch abdecken und alle Falten glatt streichen. Darauf ein weiteres angefeuchtetes Tuch legen.

Pressen: Den Stoß auf eine Pressplatte legen (ausführliche Anleitung auf Seite 18) und mit der zweiten Pressplatte bedecken. Mit Gewichten beschweren oder die Schraubzwingen ansetzen. Nach zehn Minuten den Druck verstärken. Der Pressvorgang dient dazu, das überschüssige Wasser aus dem Papier zu drücken. Er dauert etwa eine halbe Stunde.

Glätten: Die Papiere und Tücher aus der Presse nehmen. Die Tücher von den Vorderseiten der Bögen abziehen, dann die Papiere mit dem zweiten Tuch nach oben auf eine Glasplatte oder beschichtete Holzplatte legen. Das Papier an die Platte andrücken und etwa 24 Stunden lang an der Luft trocknen lassen. Anschließend die Tücher von den Papierrückseiten lösen und die Bögen mit dem Palettmesser von der Glasplatte abheben. Das Papier mit einem lauwarmen Bügeleisen von der Rückseite her bügeln, anschließend mindestens 24 Stunden lang unter schweren Büchern pressen.

Variationen

Um die Wirkung zu variieren, tauchen Sie die diagonal gegenüber liegenden Ecken des Siebes in die rostrote Pulpe und gautschen diese auf einem vorbereiteten Tuch ab. Dann schöpfen Sie einen ganzen Bogen des hellen Papiers. Nehmen Sie den Rahmen ab und wischen Sie mit einem angefeuchteten Finger die Pulpe von den Ecken wieder ab. Anschließend gautschen Sie das Blatt auf den rostroten Ecken ab und bedecken den Bogen mit einem feuchten Tuch.

Das Papier mit den kleinen Blättern wird auf die gleiche Weise wie das Originalpapier geschöpft. Legen Sie die Blätter auf dem Tuch in der gewünschten Anordnung aus, ehe Sie das Papier darauf abgautschen. Denken Sie daran, dass die Vorderseiten der Blätter nach unten zeigen müssen. Auch dieses Papier mit einem feuchten Tuch abdecken.

Morgenlied

Reparaturvlies aus dem Baumarkt ist ein wunderbares Hilfsmittel bei der Papierherstellung. Ein feines Netz ist mit einem wasserlöslichen Klebstoff beschichtet, der auf dem nassen Papier fest haftet. Blätter oder Blüten lassen sich gut mit dem feinen, transparenten Gittermaterial befestigen. Das beklebte Papier ist außerordentlich stabil, aber trotzdem nicht starr. Es eignet sich perfekt für Buchumschläge. Selbst aus Reststücken lassen sich mit der Zackenschere noch schöne und haltbare Lesezeichen machen.

❑ Für 4 DIN-A5-Blätter

- Etwa 40 g weißes Krepppapier
- Wasser
- 15 g (1 Esslöffel) geriebene Seife, aufgelöst in kochendem Wasser
- 15 g (1 Esslöffel) Wäschestärke, aufgelöst in 1/2 Tasse kaltem Wasser
- Getrocknete Tagetes, Farnspitzen, Kiefernnadeln, Gräser und Rosenblüten
- Reparaturvlies

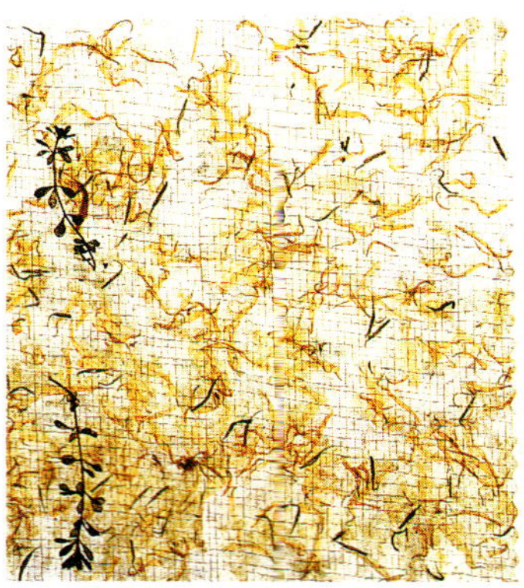

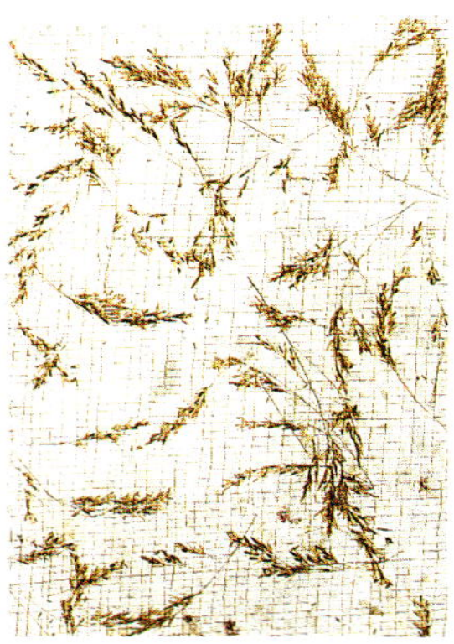

Das Papier gemäß der Anleitung auf Seite 16 zu Pulpe verarbeiten. Die Pulpe in die Bütte geben und mit etwa drei Litern Wasser zu einer cremigen Masse verdünnen. Anschließend die gelöste Seife und Stärke behutsam unterrühren.

Eine Hand voll getrockneter Gräser auf die Pulpe streuen. Schöpfsieb und Rahmen senkrecht am hinteren Ende der Bütte in die Pulpe tauchen, langsam in die Waagrechte bringen und nach oben aus der Bütte heben. Durch leichtes Rütteln die Fasern gleichmäßig verteilen, dann das Papier etwa 20 Sekunden lang abtropfen lassen. Das Sieb schräg halten und weitere 10 Sekunden lang abtropfen lassen. Das Papier auf dem Sieb liegen lassen und darauf weitere getrocknete Gräser arrangieren. Anschließend Streifen des Reparaturvlieses über die Gräser legen, bis das gesamte Papier bedeckt ist. Das Vlies mit den Fingern glätten und andrücken, anschließend das Papier auf dem Schöpfsieb trocknen lassen.

Sobald das Papier völlig trocken ist, wird es mit einem Palettmesser vom Sieb gelöst und mindestens 24 Stunden lang unter schweren Büchern gepresst.

Variationen

Variationen in Farbe und Struktur erhalten Sie, wenn Sie die getrockneten Gräser durch Blütenblätter von Rosen oder Ringelblumen, durch Farnblätter oder Kiefernnadeln ersetzen.

Polka

Hier werden kunterbunte Tupfen auf runde Papierbögen laminiert. Als Schöpfgerät dient ein runder Stickrahmen.

❑ Für zwei runde Bögen mit etwa 20 cm Durchmesser

- Etwa 40 g Papierservietten in verschiedenen bunten Farben
- 2 Bögen schwarzes Seidenpapier
- Wasser
- Pro Portion Pulpe aus Servietten 15 g (1 Esslöffel) Wäschestärke, aufgelöst in 1/2 Tasse Wasser

außerdem

- Stickrahmen
- 2 Holzplatten, ringsum 5 cm größer als das Papier
- 4 Schraubzwingen oder schwere Gewichte
- Haushaltstücher
- Zeitungen
- Palettmesser
- Sauciere

Die Papierservietten werden gemäß der Anleitung auf Seite 16 zu mehreren Portionen Pulpe verarbeitet, dabei können die Farbtöne auch gemischt werden. Mit einer Sauciere träufeln Sie Tropfen unterschiedlicher Größe auf ein Sieb und lassen diese an der Luft trocknen.

Die schwarze Pulpe in eine Bütte geben und mit etwa drei Litern Wasser zu einer cremigen Masse verdünnen.

Ein rundes Schöpfsieb (zum Beispiel ein mit Tüll bespannter Stickrahmen) am hinteren Ende senkrecht in die Bütte eintauchen, in die Waagrechte bringen und nach oben herausheben. Durch leichtes Rütteln die Fasern gleichmäßig verteilen, anschließend etwa 20 Sekunden lang abtropfen lassen. Das Sieb neigen und weitere 10 Sekunden lang abtropfen lassen.

Arrangieren Sie nun die getrockneten bunten Tropfen auf dem feuchten runden Bogen. Die fertig dekorierten Papiere jeweils auf dem Schöpfsieb ganz austrocknen lassen, abnehmen und mit einem lauwarmen Bügeleisen glätten. Anschließend die Bögen unter schweren Büchern mindestens 24 Stunden lang pressen.

Stille Nacht

Nachdem Sie inzwischen einige Erfahrung gesammelt haben, können Sie Ihre Freunde mit schönen, handgefertigten Weihnachtskarten beglücken. Ich habe als Dekoration Federn, Glitter und Sternpailletten verwendet, aber Lametta oder Misteln eignen sich ebenfalls. Lassen Sie Ihren Ideen freien Lauf.

❑ Für zwei laminierte Klappkarten

- Etwa 80 g Papier, z.B. rotes Altpapier, rote Papierservietten, rotes Krepppapier, silbernes Seidenpapier, gebrauchte weiße Briefumschläge
- Wasser
- Pro Bütte 15 g (1 Esslöffel) Wäschestärke, aufgelöst in 1/2 Tasse kaltem Wasser

außerdem

- 2 Holzplatten, ringsum 5 cm größer als das Papier
- 4 Schraubzwingen oder schwere Gewichte
- Haushaltstücher
- Zeitungen
- Palettmesser
- Reparaturvlies
- Glitter und Sternpailletten

Zuerst gemäß der Anleitung auf Seite 16 die verschiedenfarbigen Papiere separat zu Pulpe verarbeiten.

Die weiße Pulpe mit einem Esslöffel silberner Pulpe in eine Bütte geben und mit etwa drei Litern Wasser zu einer cremigen Masse verdünnen. Die aufgelöste Stärke vorsichtig unterrühren. Schöpfsieb und Rahmen so halten, dass die bespannte Seite des Siebes zu Ihnen zeigt und der Rahmen davor liegt. Beides senkrecht am Ende der Bütte eintauchen, in die Waagrechte bringen und langsam nach oben herausheben. Leicht rütteln, damit sich die Fasern gleichmäßig verteilen. Etwa 20 Sekunden lang abtropfen lassen, anschließend das Sieb neigen und weitere 10 Sekunden lang abtropfen lassen. Den Rahmen abheben.

Variation

Geben Sie etwas Glitter in die Bütte mit der roten Pulpe, schöpfen Sie einen Bogen und gautschen Sie ihn ab. Schöpfen Sie ein zweites Blatt, indem Sie eine Schmalseite des Siebes in die rote Pulpe und eine Längsseite des Siebes in die weiße Pulpe tauchen, so dass die Farben ineinander fließen. Dieses zweifarbige Blatt auf dem roten Blatt platzieren und einige Sternpailletten darauf verteilen. Anschließend wie üblich pressen und trocknen.

Abgautschen: Das Papier abgautschen (siehe Seite 17), mit Reparaturvlies abdecken und ein zweites Blatt Papier direkt auf das Vlies abgautschen. Auf den frisch geschöpften Bogen streuen Sie nun Glitter und Pailletten, dann decken Sie alles mit einem feuchten Tuch ab und streichen alle Falten sorgfältig glatt.

Pressen: Den Stoß auf eine Pressplatte legen (siehe Seite 18) und mit der zweiten Pressplatte bedecken. Mit Gewichten beschweren oder die Schraubzwingen ansetzen. Nach zehn Minuten den Druck verstärken. Der Pressvorgang dauert etwa eine halbe Stunde.

Glätten: Die oberste Pressplatte abnehmen, die Tücher entfernen und die Papiere an der Luft trocknen lassen. Das Papier mit einem lauwarmen Bügeleisen von der Rückseite her bügeln, anschließend mindestens 24 Stunden lang unter schweren Büchern pressen. Die Klappkarten in der Mitte mit einem Messerrücken scharf eindrücken.

Große Gala

Hier sehen Sie, dass sich verschiedenste Dekorationen und Extras ganz leicht auf Papier laminieren lassen. Aber erst mit den dazu passenden, ebenfalls handgemachten Bändern ist dieses edle Weihnachtspapier wirklich reif für den großen Auftritt.

❑ Für einen DIN-A3-Geschenkbogen (aus je einem Bogen DIN-A3 und DIN-A4) sowie drei Bänder

- Etwa 120 g Papier, z.B. rotes Altpapier, Papierservietten und Seidenpapier, etwas goldfarbenes Seidenpapier
- Wasser
- 15 g (1 Esslöffel) geriebene Seife, aufgelöst in kochendem Wasser
- 15 g (1 Esslöffel) Wäschestärke, aufgelöst in 1/2 Tasse kaltem Wasser

außerdem

- Schöpfsieb und Rahmen in den Größen DIN A3 und DIN A4
- Haushaltstücher
- Zeitungen
- Palettmesser
- Streifen von grobem goldenen Tüll
- Reparaturvlies
- schmale goldene Satinbänder
- goldfarbenen Glitter
- Sternpailletten

Das Papier

Für die farbige Pulpe wird das Papier sehr fein zerkleinert, die Servietten und das Seidenpapier aber nur grob. Die Pulpe in die Bütte geben und mit etwa vier Litern Wasser verdünnen. Anschließend behutsam die Stärke einrühren.

Zunächst schöpfen Sie das DIN-A4-Blatt. Schöpfsieb und Rahmen so halten, dass die bespannte Seite des Siebes zu Ihnen zeigt und der Rahmen davor liegt. Beides senkrecht am Ende der Bütte eintauchen, in die Waagrechte bringen und langsam nach oben herausheben. Leicht rütteln, damit sich die Fasern gleichmäßig verteilen. Das Papier 20 Sekunden lang abtropfen lassen, dann das Sieb neigen und weitere 10 Sekunden lang abtropfen lassen. Den Rahmen abheben.

Auf das feuchte Papier goldene Tüllstückchen streuen und mit dem Finger leicht andrücken. Den Bogen lufttrocknen und anschließend vom Sieb abnehmen.

Danach aus der gleichen Pulpe den DIN-A3-Bogen schöpfen. Auf dem feuchten Papier auf dem Schöpfsieb ordnen Sie der Länge nach vier Streifen goldenen Tüll an. Legen Sie das trockene DIN-A4-Blatt auf den Tüll, so dass es quer und mittig auf dem DIN-A3-Blatt liegt. An der Luft trocknen lassen. Den fertigen DIN-A3-Bogen auf der Rückseite mit einem Tuch abdecken und lauwarm bügeln.

Die Bänder

Schöpfen Sie ein DIN-A4-Blatt. Auf dem nassen Papier ordnen Sie in Längsrichtung je einen Streifen Glitter und Sternpailletten sowie einen Streifen aus zwei parallel liegenden Satinbändern an. Wenn Sie die Bänder überstehen lassen, können Sie damit später Schleifen binden.

Über jeden Streifen ein Stück Reparaturvlies legen, glatt streichen und trocknen lassen. Das fertige Papier vom Sieb lösen und in drei Streifen zerschneiden.

Pastorale

Eine sanfte Hügellandschaft und das Meer standen Pate für diese ausdrucksvollen Papiere. Hier lernen Sie durch ein paar originelle Kniffe, wie man Formen und Linien in verschiedenen Farben auf einem einzigen Blatt kombiniert.

❑ Für zwei laminierte DIN-A4-Bögen

- Etwa 160 g Papier: weißes Computerpapier und Druckereiabfälle, Papierservietten und Seidenpapier in verschiedenen Blau- und Grüntönen, ein paar orange-gelbe Servietten.
- Wasser

außerdem

- Beschichtete Spanplatte
- Palettmesser
- Leeres Gefäß (z.B. ein Jogurtbecher)
- Aquarellpinsel, mittlere Stärke

Meereswogen

Bereiten Sie nach der Anleitung auf Seite 16 eine Portion weiße Pulpe und mehrere separate Portionen von Pulpe in verschiedenen Blautönen sowie in orange-gelb vor. Geben Sie die Pulpe im dunkelsten Blauton in die Bütte und rühren Sie Wasser ein, bis die Pulpe eine cremige Konsistenz hat.

Füllen Sie etwas Pulpe in den Jogurtbecher und gießen Sie einen welligen Streifen entlang einer Längskante auf das Schöpfsieb. Rühren Sie dann etwas hellere Pulpe in die Bütte und gießen Sie einen weiteren welligen Streifen direkt neben den ersten. Tragen Sie noch zwei weitere Streifen auf, wobei jeweils vorher die Pulpe heller abgetönt wird. Die Farben können dabei ruhig ineinander fließen. Den Bogen an der Luft trocknen lassen, vorsichtig vom Sieb nehmen und auf die beschichtete Platte legen. Weichen Sie mit Hilfe des Pinsels das Papier an den Grenzlinien zwischen den Farbflächen auf und ziehen Sie die einzelnen »Wellen« vorsichtig auseinander. Nun schöpfen Sie ein weißes Blatt. Auf das nasse weiße Papier, das auf dem Schöpfsieb bleibt, legen Sie zuerst die Welle im dunkelsten Blau. Oberhalb der blauen Welle tropfen Sie etwas von der orangefarbenen Pulpe. Anschließend ordnen Sie die übrigen Wellen so an, dass zwischen ihnen jeweils ein dünner weißer Streifen sichtbar bleibt. Das Papier auf den Schöpfsieb trocknen lassen.

Landschaft

Das Landschaftspapier arbeiten Sie mit der gleichen Technik, diesmal jedoch in verschiedenen Grüntönen.

Papier aus

Papier aus Obst und Gemüse ist faszinierend und originell. Die natürlichen Farben werden zart und transparent, die Struktur erinnert an feinen Karton. Allerdings sind diese Papiere sehr empfindlich und spröde, was sich durch Zugabe von Seife etwas reduzieren lässt. Die optische Wirkung hängt vor allem von der Wahl der Frucht ab. Experimentieren Sie, indem Sie verschiedene Früchte in Scheiben schneiden und deren Formen und Strukturen studieren. Exotische Früchte wie Kiwi oder Sternfrucht (Karambole) versprechen extravagante Ergebnisse. Aber auch unsere heimische Rote Bete und Karotten haben einen interessanten Querschnitt zu bieten. Probieren Sie Ananas, Pastinaken, Sellerie, Auberginen oder Zucchini aus – die Palette ist nahezu grenzenlos.

Es gibt verschiedene Techniken, Papier aus Früchten herzustellen. Am einfachsten ist es, dünne Scheiben auszulegen und zu pressen. In diesem Fall brauchen Sie zusätzlich zu Ihren üblichen Werkzeugen noch feinen Baumwollstoff. Die in den Früchten enthaltene Zellulose sorgt dafür, dass die Scheiben fest aneinander haften. Eine zweite Möglichkeit besteht im Herstellen einer Pulpe, die dann auf die übliche Weise weiter verarbeitet wird. So entstand beispielsweise das Maisschalenpapier (Seite 53).
Haben Sie erst einmal die unglaublichen Möglichkeiten entdeckt, die diese Papiere bieten, werden Obstschale und Gemüsefach nicht mehr sicher sein.

Obst
&
Gemüse

Genial-Gurke

Kaum vorstellbar, dass aus diesem wässrigen Gemüse so ein schönes, zartes Papier werden kann. Wenn gerade keine Gurke zur Hand ist, können Sie mit einem Eierkürbis oder einer Zucchini ganz ähnliche Resultate erzielen. Auch Kiwis, Sternfrüchte (Karambolen) und Zitrusfrüchte eignen sich für diese Technik gut.

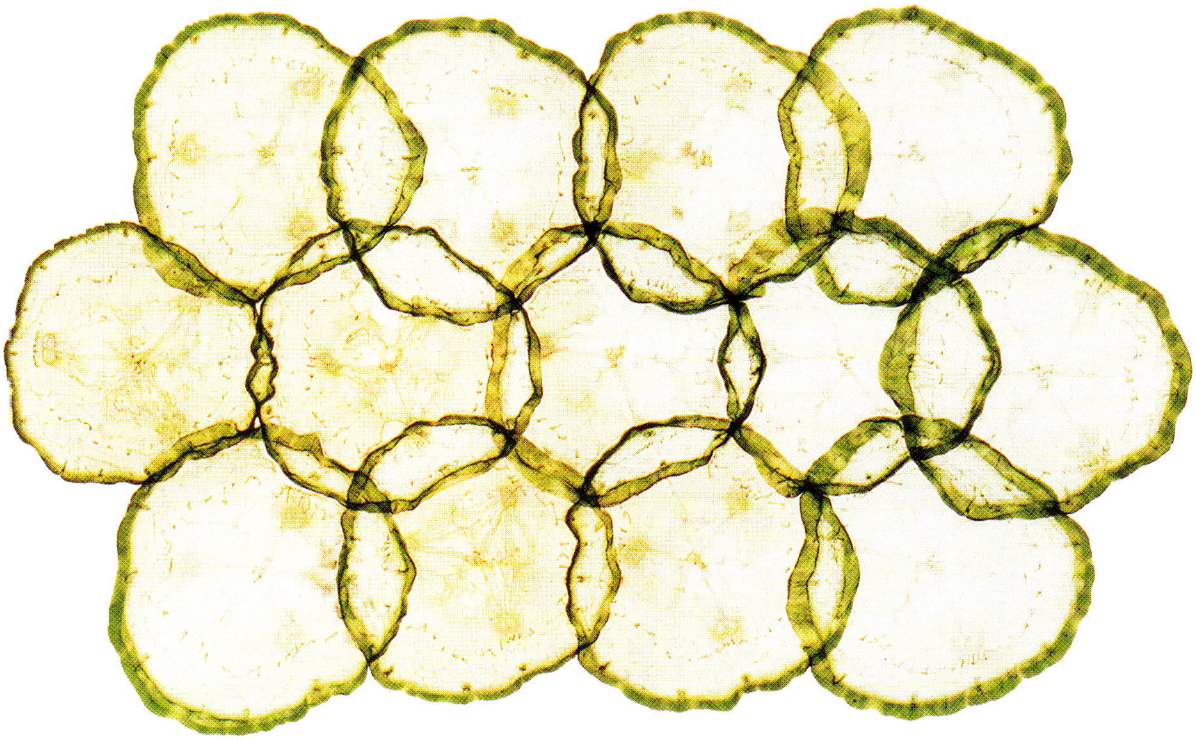

- 1 mittelgroße, feste Salatgurke
- Scharfes Messer mit gezahnter Klinge
- 2 Pressplatten, ringsum 5 cm größer als das fertige Papier
- 4 Schraubzwingen oder schwere Gewichte
- Nessel oder dünne Baumwolltücher
- Zeitungspapier
- Säurefreies Seidenpapier

Legen Sie mehrere Lagen Zeitungspapier auf eine Pressplatte und decken Sie diese mit Baumwollstoff ab. Die Gurke wird mit Schale in etwa 5 mm dicke Scheiben geschnitten und auf dem Baumwollstoff möglichst lückenlos ausgelegt. Darauf legen Sie wieder ein Stück Stoff und eine dicke Lage Zeitungspapier.

Pressen: Die zweite Pressplatte auflegen, die vier Schraubzwingen ansetzen und leicht andrehen. Nach etwa 2 Stunden die Zwingen fester ziehen. Nach weiteren 2 Stunden öffnen Sie die Zwingen und tauschen das Zeitungspapier gegen trockenes aus. Die Zwingen wieder fest andrehen. Nach 4 Stunden werden die Zeitungen noch einmal ausgetauscht.

Während der folgenden 2 Tage wechseln Sie die Zeitungen morgens und abends, an den nächsten vier Tagen noch jeweils einmal. Die Schraubzwingen werden stets so fest wie möglich angezogen. Wenn das Papier völlig trocken ist, wird es aus der Presse genommen. Besonders reizvoll sieht das zarte, transparente Papier aus, wenn Sie es zwischen zwei Glasscheiben legen und so aufhängen, dass Licht durchscheinen kann.

Durch Laucht

Dieses Papier, das an ehrwürdiges Papyrus erinnert, wird aus schlanken, dünnen Lauchblättern hergestellt. Wichtig ist, dass Sie besonders lange, gerade gewachsene Stangen aussuchen. Durch die kreuz und quer gelegten Blätter wirkt das zarte Papier wie zweifarbig gewebt.

- 2 gerade Lauchstangen mittlerer Dicke
- Scharfes Messer mit gezahnter Klinge
- 2 Pressplatten, ringsum 5 cm größer als das fertige Papier
- 4 Schraubzwingen oder schwere Gewichte
- Nessel oder dünne Baumwolltücher
- Zeitungspapier
- Säurefreies Seidenpapier
- Kochtopf

Das obere und untere Ende der Lauchstangen abschneiden, den Rest in kochendem Wasser fünf Minuten blanchieren. Aus dem Wasser nehmen und abkühlen lassen.

PRESSEN: Auf eine Pressplatte legen Sie eine dicke Schicht Zeitungspapier und decken diese mit Stoff ab. Den Lauch

der Länge nach aufschlitzen. Zuerst eine Schicht Lauchblätter senkrecht nebeneinander mit der schleimigen Innenseite nach oben quer auf den Stoff legen. Danach eine zweite Lage Blätter in Längsrichtung auslegen. Die schleimige Blattinnenseite zeigt nun nach unten, so dass die Schichten aufeinander haften. Mit Stoff und einer dicken Schicht Zeitungspapier abdecken. Die zweite Pressplatte auflegen, die vier Schraubzwingen leicht andrehen und nach etwa 2 Stunden fester ziehen. Nach weiteren 2 Stunden öffnen Sie die Zwingen und tauschen das Zeitungspapier gegen trockenes aus. Die Zwingen wieder ansetzen und fest andrehen. Nach 4 Stunden werden die Zeitungen noch einmal ausgetauscht. Während der folgenden 2 Tage wechseln Sie die Zeitungen morgens und abends, an den nächsten 4 Tagen noch jeweils einmal. Die Schraubzwingen werden stets so fest wie möglich angezogen. Wenn das Papier völlig trocken ist, wird es aus der Presse genommen.

Be(e)t-hovens Sinfonie

Hätte Beethoven statt Musik Papier komponiert, so wäre dies wohl sein Meisterstück geworden. Die außergewähnliche Farbe der gekochten Roten Bete kommt besonders gut zur Geltung, wenn Sie das Papier zwischen zwei Glasscheiben so aufhängen, dass von hinten Licht hindurch fällt.

- 4 kleine, rohe Rote-Bete-Knollen
- Scharfes Messer mit gezahnter Klinge
- 2 Pressplatten, ringsum 5 cm größer als das fertige Papier
- 4 Schraubzwingen oder schwere Gewichte
- Nessel oder dünne Baumwolltücher
- Zeitungspapier
- Säurefreies Seidenpapier
- Kochtopf

Garen Sie die ungeschälte Rote Bete in kochendem Wasser so lange, bis Sie mit dem Fingernagel die Schale durchstoßen können (etwa 10 bis 15 Minuten). Nehmen Sie sie aus dem Topf und schneiden Sie sie in 5 mm dicke Scheiben.

Pressen: Legen Sie mehrere Lagen Zeitungspapier auf eine Pressplatte und decken Sie diese mit Baumwollstoff ab. Die Scheiben der Roten Bete werden auf dem Baumwollstoff deckend ausgelegt. Darauf legen Sie wieder ein Stück Stoff und eine dicke Lage Zeitungspapier. Die zweite Pressplatte auflegen, die vier Schraubzwingen leicht andrehen und nach etwa 2 Stunden fester ziehen. Nach weiteren 2 Stunden öffnen Sie die Zwingen und tauschen das Zeitungspapier gegen trockenes aus. Die Zwingen wieder ansetzen und von nun an stets maximal festziehen. Nach 4 Stunden werden die Zeitungen erneut ausgetauscht. Während der folgenden 2 Tage wechseln Sie die Zeitungen morgens und abends, an den nächsten 4 (oder mehr) Tagen noch jeweils einmal. Erst wenn das Papier völlig trocken ist, wird es aus der Presse genommen.

Karottenpapier

Karotten werden genauso verarbeitet. Schneiden Sie beide Enden ab und blanchieren Sie das Gemüse 6 bis 8 Minuten. Nach dem Abkühlen in 5 mm dicke Scheiben schneiden und auslegen. Die Technik eignet sich auch für Pastinaken, Auberginen und Knollensellerie. Lediglich die Kochzeit muss der Größe des jeweiligen Gemüses angepasst sein.

Mais
terklasse

Für dieses Papier brauchen Sie Hüllblätter von Maiskolben. Wenn Sie nicht tagelang Mais essen möchten, fragen Sie doch einmal beim Gemüsehändler oder im Supermarkt nach – dort werden die Hüllblätter meist entfernt, ehe die Kolben in die Auslagen gelangen. Auch auf dem Wochenmarkt finden Sie oft kostenlos verwertbare Schätze aller Art, darunter auch diese Hüllblätter. Kurz bevor die Stände abgebaut werden, ist die Zeit zum Sammeln erfahrungsgemäß am günstigsten.

❑ Für 2 DIN-A4-Blätter

- Etwa 60 g getrocknete Mais-Hüllblätter
- Wasser
- 3 Esslöffel geriebene Seife, aufgelöst in kochendem Wasser
- 2 Esslöffel Haushaltsnatron oder 3 Esslöffel Waschsoda

außerdem

- 2 Holzplatten, ringsum 5 cm größer als das Papier
- 4 Schraubzwingen oder schwere Gewichte
- Reststück Tüll oder Nylonstrumpf
- Zeitungen
- Palettmesser

Die Hüllblätter kleinschneiden, mit Wasser und Natron oder Soda etwa drei Stunden lang kochen und abkühlen lassen. Durch das Stück Tüll gießen, gründlich spülen und mit dem Tüll immer wieder auspressen, bis das Wasser klar abfließt. Die Fasermasse in den Mixer geben und so lange in Intervallen mixen, bis etwa die Hälfte der Fasern fein zerkleinert ist. Den Faserbrei in die Bütte geben, Wasser und aufgelöste Seife zugießen und umrühren.

Schöpfsieb und Rahmen so halten, dass die bespannte Seite des Siebes zu Ihnen zeigt und der Rahmen davor liegt. Beides senkrecht am Ende der Bütte eintauchen, in die Waagrechte bringen und langsam nach oben herausheben. Leicht rütteln, damit sich die Fasern gleichmäßig verteilen. Das Papier 20 Sekunden lang abtropfen lassen, dann das Sieb neigen und weitere 10 Sekunden lang abtropfen lassen. Den Rahmen abheben.

Abgautschen: Um eine glatte Oberfläche zu erhalten, gautschen Sie das Papier auf eine vorbereitete Unterlage ab (siehe Anleitung auf Seite 17) und decken ein feuchtes Tuch darüber.

Pressen: Papier und Tücher auf eine Pressplatte legen (ausführliche Anleitung auf Seite 18). Mit der zweiten Pressplatte bedecken und mit Gewichten beschweren oder die Schraubzwingen ansetzen. Nach zehn Minuten den Druck verstärken. Der Pressvorgang dient dazu, das überschüssige Wasser aus dem Papier zu drücken. Er dauert insgesamt etwa eine halbe Stunde.

Glätten: Die oberste Pressplatte abheben und das Papier mit beiden daran haftenden Tüchern an eine Wäscheleine klammern. Wenn das Papier völlig trocken ist, wird es mit einem lauwarmen Bügeleisen (Einstellung »Seide«) von der Rückseite her gebügelt. Anschließend mindestens 24 Stunden lang unter schweren Büchern pressen.

Die Struktur wirkt markanter, wenn Sie auf das Pressen verzichten und das Papier an der Luft auf dem Schöpfsieb trocknen lassen.

Ausgerechnet Bananen

- Für zwei DIN-A4-Bögen
  - 6 ganze, mittelgroße Bananen
  - Wasser
  - 3 Esslöffel geriebene Seife, aufgelöst in kochendem Wasser

außerdem
- 2 Holzplatten, ringsum 5 cm größer als das Papier
- 4 Schraubzwingen oder schwere Gewichte
- runder Stickrahmen
- Nylontüll (zum Bespannen des Stickrahmens)
- Zeitungen
- Palettmesser

Variation

Aus reinem Bananenbrei lassen sich dekorative Papiere schöpfen. Praktischer ist es aber, zerkleinerte Bananenschalen in eine Pulpe aus einfachem weißem Papier einzuarbeiten. Das Papier wie üblich schöpfen, abgautschen, pressen und bügeln.

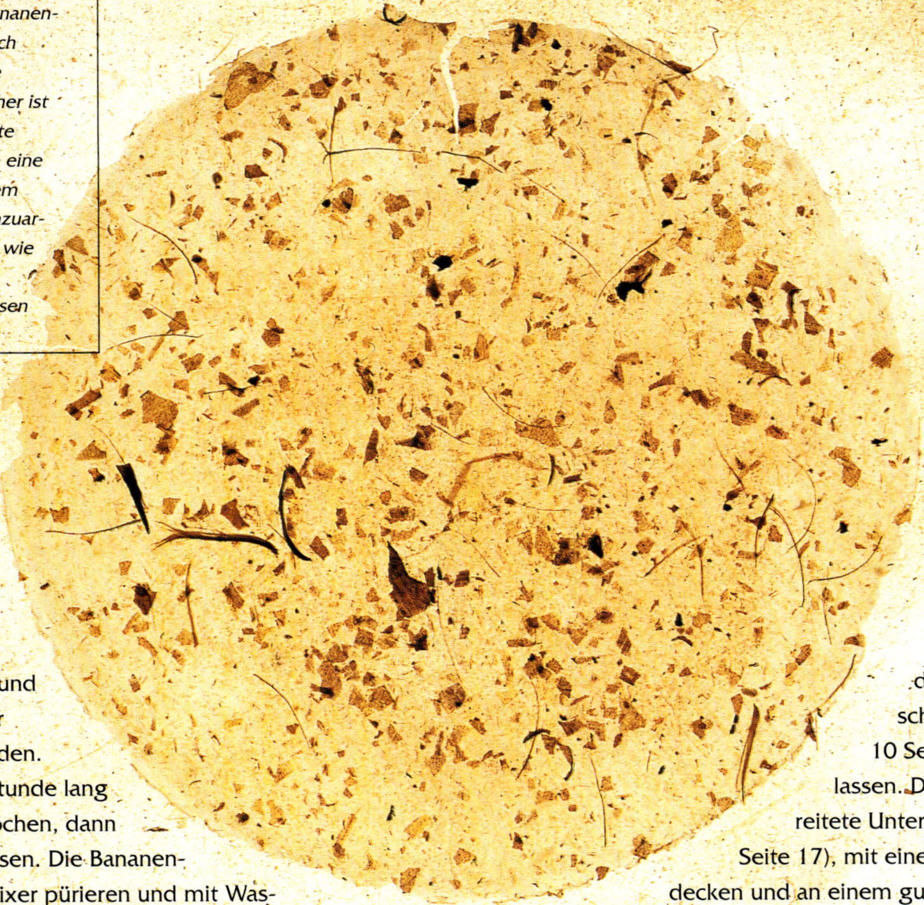

Jede Banane einmal der Länge nach und dreimal quer durchschneiden. Eine halbe Stunde lang in Wasser kochen, dann abkühlen lassen. Die Bananenstücke im Mixer pürieren und mit Wasser zu einer cremigen Masse verdünnen. Die Pulpe in die Bütte gießen, die Seife zufügen und umrühren.

Den Stickrahmen so halten, dass die bespannte Seite zu Ihnen zeigt. Senkrecht am Ende der Bütte eintauchen, in die Waagrechte bringen und langsam nach oben aus der Pulpe heben. Leicht rütteln, damit sich die Fasern gleichmäßig verteilen. 20 Sekunden lang abtropfen lassen, dann den Stickrahmen schräg halten und weitere 10 Sekunden lang abtropfen lassen. Das Papier auf die vorbereitete Unterlage abgautschen (siehe Seite 17), mit einem Haushaltstuch abdecken und an einem gut belüfteten Ort ganz langsam trocknen lassen. Das fertige Papier von der Rückseite bügeln (Einstellung »Seide«), anschließend unter schweren Büchern mindestens 24 Stunden lang pressen. Das Papier auf der Abbildung gegenüber wurde aus einer etwas dickflüssigeren Pulpe mit konventionellem Schöpfsieb und Rahmen hergestellt.

Faser-

Man mag darüber streiten, ob diese faszinierenden Kreationen zu den Papieren oder den Stoffen gezählt werden sollen. Da sich mit den hier vorgestellten Techniken jedoch feste, flache Bögen mit allen Eigenschaften von Papier ergeben, nehme ich mir die künstlerische Freiheit heraus, von Papier zu sprechen. Textilfaserpapiere sind schnell und einfach herzustellen. Genau wie geschöpfte Papiere können sie hauchdünn wie Spitze oder dick wie mittelschwerer Stoff sein. Die dickeren Papiere werden gern als Hintergrund für kreative Stickereien verwendet. Auch für kunstvolle Collagen bieten sie sich an. In feuchtem Zustand kann man sogar freistehende dreidimensionale Objekte daraus formen. Sie sehen: Textilfaserpapiere fordern die Kreativität heraus.

Grundsätzlich werden diese Papiere aus ungesponnenen Fasern hergestellt, die man in vielen Farben und Stärken in Fachgeschäften für Webereibedarf kaufen kann. Die Fasern sind bereits kartätscht und gekämmt, so dass man sie in langen parallel laufenden Bündeln erhält. Bei Naturmaterialien haben die einzelnen Fasern eine handliche Länge, sie können direkt vom Bündel abgezogen werden. Synthetische Fasern dagegen sind oft so lang, dass sie mit der Schere auf praktische Länge zurechtgestutzt werden müssen. Nach Belieben lassen sich die Fasern mit natürlichen oder synthetischen Farben einfärben. Durch Auflegen einzelner farbiger Fasern auf einen kontrastfarbigen Hintergrund entstehen attraktive Muster. Sehr schöne aquarellartige Effekte ergeben sich, wenn Sie das fertige Papier mit Textilfarben eintönen.

Faserpapiere sind sehr empfindlich. Etwas stabiler werden sie, wenn Sie statt Tapetenkleister eine Mischung aus gleichen Teilen Holz- oder Weißleim und Wasser verwenden. Auch durch Auflegen weiterer Faserschichten jeweils im rechten Winkel zur vorherigen Schicht können Sie das Papier verstärken.

Papiere

Rhapsodie in Seide

Luxuriöse Seiden-Papiere sind ganz einfach herzustellen und lassen sich zu vielen dekorativen Zwecken nutzen. Mit ihrem wunderbaren Glanz geben sie einen edlen Hintergrund für Stickereien ab und auch für Collagen eignen sie sich sehr gut. Das fertige »Papier« ist sehr zart, aber es lässt sich problemlos mit Hilfe von Aufbügelvlies verstärken.

❑ Für ein DIN-A3-Blatt

- 2 Stücke Tüll, jeweils etwas größer als DIN A3
- 30 g weiße, unversponnene Seidenfasern
- Einige farbige Seidenfasern zur Dekoration
- Tapetenkleister, nach Herstelleranweisung mit Wasser verdünnt
- 250 ml Wasser mit einigen Tropfen Geschirrspülmittel

außerdem
- Plastikfolie zum Schutz der Tischplatte
- Flachpinsel, 5 cm breit
- Zeitungen
- Schwamm

Legen Sie ein Stück Tüll auf die Arbeitsfläche. Teilen Sie einen etwa 20 cm breiten Strang von dem Faserbündel ab und trennen Sie ihn der Länge nach in handliche Streifen. Drücken Sie einen Zipfel des Faserstreifens auf die Kante des Tülls und ziehen Sie mit der anderen Hand die losen Fasern weg, so dass nur eine dünne Faserschicht auf dem Tüll liegen bleibt. Fahren Sie so fort, bis der ganze Tüll bedeckt ist. Dabei werden alle Fasern in die gleiche Richtung ausgelegt. Je dicker die aufgelegte Faserschicht, um so dicker wird das fertige Papier.

Anschließend arrangieren Sie die farbigen Fasern dekorativ auf der Fläche. Zum Schluss wird das zweite Stück Tüll vorsichtig über die Fasern gebreitet.

Anfeuchten: Tragen Sie mit dem Flachpinsel die Spülmittellösung durch den Tüll hindurch auf die Fasern auf. Dabei dürfen die Fasern aber nicht verschoben werden. Danach heben Sie das Papier mit beiden Lagen Tüll vorsichtig an, drehen es um und pinseln die andere Seite ein. Überschüssiges Wasser mit einem Schwamm auftupfen.

In einem zweiten Arbeitsgang werden beide Seiten des Papiers mit Tapetenkleister eingestrichen. Das Papier flach liegend auf einem Stoß Zeitungspapier trocknen lassen. Der Tüll wird von der Vorderseite und nach dem vollständigen Austrocknen auch von der Rückseite entfernt. Das Papier mit einem Tuch bedecken und bügeln (Einstellung »Seide«).

Wasser musik

❑ Für ein DIN-A3-Blatt

- 2 Stücke Tüll, etwas größer als DIN A3
- 30 g weiße, unversponnene Seidenfasern
- ein Stück dünnes, weißes Wattiervlies in der Größe des fertigen Papiers
- Potpourri-Blüten
- einige farbige Seidenfasern in der Farbe der Blüten zur Dekoration
- Tapetenkleister, nach Herstelleranweisung mit Wasser verdünnt
- 250 ml Wasser mit einigen Tropfen Geschirrspülmittel

außerdem

- Plastikfolie zum Schutz der Tischplatte
- Flachpinsel, 5 cm breit
- Zeitungen
- Schwamm

Legen Sie ein Stück Tüll auf die Arbeitsfläche und breiten Sie das Wattiervlies darauf aus. Teilen Sie einen etwa 20 cm breiten Strang von dem Faserbündel ab und trennen Sie ihn der Länge nach in handliche Streifen. Drücken Sie einen Zipfel des Faserstreifens auf die Kante des Tülls und ziehen Sie mit der anderen Hand die losen Fasern weg, so dass nur eine dünne Faserschicht auf dem Tüll liegen bleibt. Fahren Sie so fort, bis der ganze Tüll mit Fasern bedeckt ist. Dabei werden alle Fasern in die gleiche Richtung ausgelegt. Anschließend arrangieren Sie einige Blüten und farbige Fasern auf der Fläche und breiten das zweite Stück Tüll vorsichtig über Ihr Werk.

Anfeuchten: Pinseln Sie mit dem Flachpinsel durch den Tüll hindurch die Spülmittellösung auf die Fasern (die Fasern dabei nicht verschieben). Heben Sie das Papier mit beiden Lagen Tüll vorsichtig an, drehen es um und pinseln die andere Seite ein. Überschüssiges Wasser mit einem Schwamm auftupfen.

Danach werden beide Seiten des Papiers mit Tapetenkleister eingestrichen. Das Papier flach liegend auf einem Stoß Zeitungspapier trocknen. Das Papier mit einem Tuch bedecken und bügeln (Einstellung »Seide«).

Textiles Trio

Neben Seide eignen sich auch andere Fasern sehr gut zur Papierherstellung. Die Fertigung ist jeweils ganz ähnlich. Diese Papiere sind griffig wie Stoff, lassen sich aber wie Papier weiter verarbeiten. Sie eignen sich perfekt für Collagen und andere künstlerische Gestaltungstechniken.

Flachs-Papier

Die Fasern der Flachspflanze *(Linum)* werden zur Herstellung von Leinen verwendet. In den ersten Papiermühlen Europas kochte man Lumpen aus Leinen oder Baumwolle in alkalischer Lösung. Die dadurch aufgeweichten Fasern wurden geschlagen, gebleicht und anschließend zu Papier verarbeitet. Hier sehen Sie, dass sich auch direkt durch Auslegen der Flachsfasern ein dekorativ strukturiertes Papier gestalten lässt.

❑ Für zwei DIN-A4-Bögen
- 2 Stücke Tüll, etwas größer als DIN A4
- 30 g ungesponnene Flachsfasern
- Tapetenkleister, nach Herstelleranweisung in Wasser angerührt
- 250 ml Wasser mit einigen Tropfen Geschirrspülmittel

außerdem
- Plastikfolie zum Schutz der Tischplatte
- Flachpinsel, 5 cm breit
- Zeitungen
- Schwamm

Legen Sie ein Stück Tüll auf die Arbeitsfläche. Nehmen Sie einen etwa 20 cm langen Strang von dem Flachsbündel ab und trennen Sie ihn der Länge nach in handliche Streifen. Halten Sie einen Zipfel des Faserstreifens an der rechten Kante des Tülls fest und ziehen Sie mit der anderen Hand die losen Fasern weg, so dass nur eine dünne Faserschicht auf dem Tüll liegen bleibt. Fahren Sie so fort, bis der ganze Tüll bedeckt ist. Bei Bedarf kann eine zweite Faserschicht in der gleichen Richtung ausgelegt werden. Je dicker die ausgelegten Faserschichten, um so dicker und stabiler wird das fertige Papier. Danach wird das zweite Stück Tüll vorsichtig über die Fasern gebreitet.

Anfeuchten: Pinseln Sie mit dem Flachpinsel durch den Tüll hindurch die Spülmittellösung auf die Fasern. Dabei dürfen die Fasern aber nicht verschoben werden. Danach heben Sie das Papier mit beiden Lagen Tüll vorsichtig an, drehen es um und pinseln die andere Seite ein. Überschüssiges Wasser mit einem Schwamm auftupfen.

Anschließend werden beide Seiten des Papiers mit Tapetenkleister eingepinselt. Den Bogen flach liegend auf Zeitungspapier trocknen, dann den Tüll von der Vorderseite und nach vollständiger Trocknung auch von der Rückseite entfernen. Das Papier mit einem Tuch bedecken und bügeln (Einstellung »Seide«).

Mohair-Papier

Mohair wird aus dem Fell der zierlichen Angora-Ziege gewonnen, benannt nach der türkischen Region, in der diese Tiere zuerst gezüchtet wurden. Mohairfasern werden unifarben und meliert in vielen Farben angeboten. Sie sind zart, weich und leicht, dabei aber verblüffend stabil.

❑ Für einen DIN-A3-Bogen
- 2 Stücke Tüll, etwas größer als DIN A3
- 30 g Mohairfasern in Grün-, Blau- und Rottönen
- Tapetenkleister, nach Herstelleranweisung mit Wasser verdünnt
- 250 ml Wasser mit einigen Tropfen Geschirrspülmittel

außerdem
- Plastikfolie zum Schutz der Arbeitsplatte
- Flachpinsel, 5 cm breit
- Zeitungen
- Schwamm

Legen Sie ein Stück Tüll auf die Arbeitsfläche. Nehmen Sie einen etwa 20 cm langen Strang von dem Faserbündel ab und trennen Sie ihn der Länge nach in handliche Streifen. Halten Sie einen Zipfel des Faserstreifens an der Kante des Tülls fest und ziehen Sie mit der anderen Hand die losen Fasern weg, so dass nur eine dünne Faserschicht auf dem Tüll liegen bleibt.

Fahren Sie mit unterschiedlichen Farben so fort, bis der ganze Tüll bedeckt ist. Dabei werden alle Fasern in die gleiche Richtung ausgelegt. Dann wird das zweite Stück Tüll vorsichtig über die Fasern gebreitet.

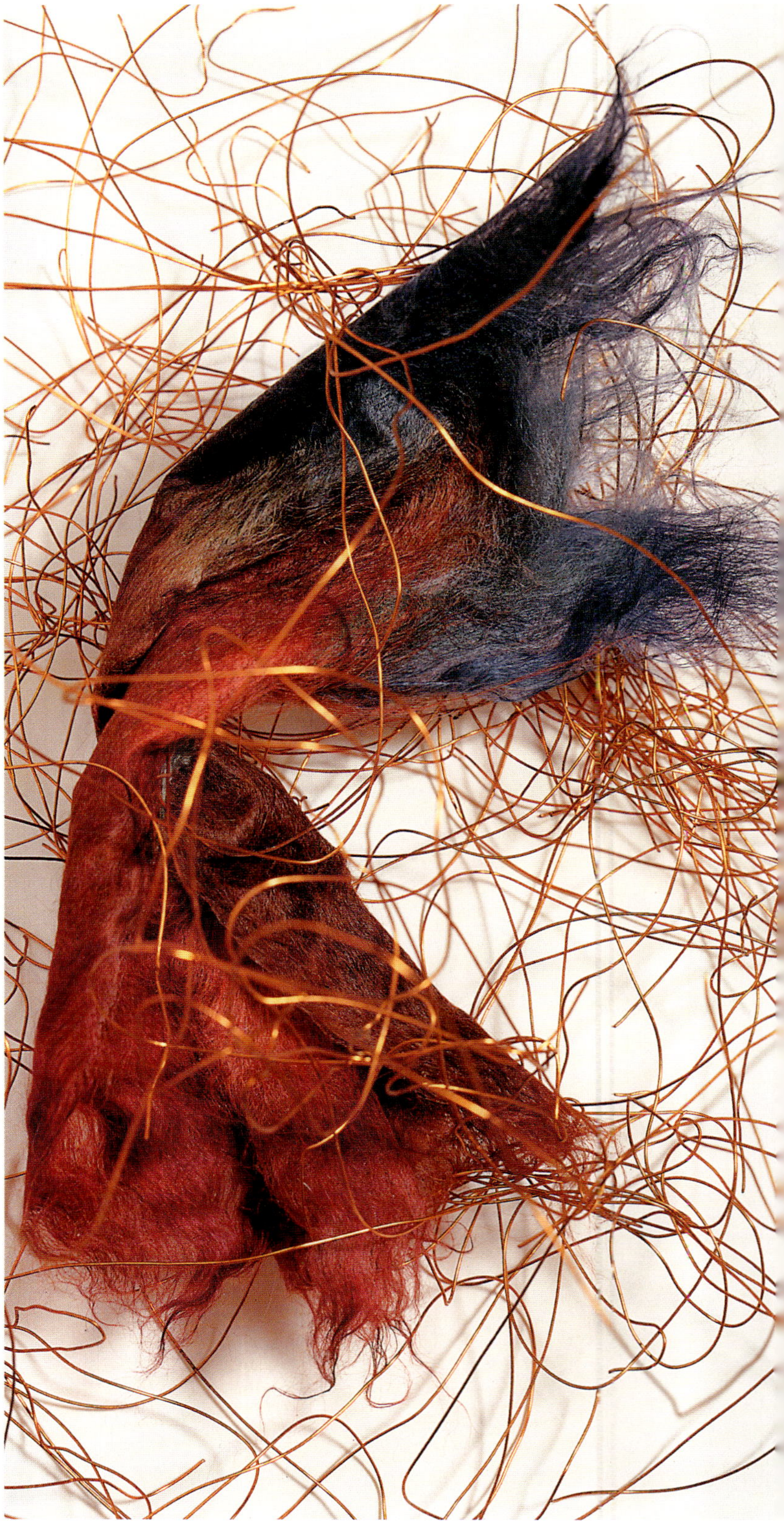

Anfeuchten: Pinseln Sie mit dem Flachpinsel die Spülmittellösung auf die Fasern, ohne sie dabei zu verschieben. Danach heben Sie das Papier mit beiden Lagen Tüll vorsichtig an, drehen es um und pinseln die andere Seite ein. In einem zweiten Arbeitsgang werden Ober- und Unterseite des Papiers mit Tapetenkleister eingestrichen. Das Papier zum Trocknen flach auf einen Stoß Zeitungspapier legen und anschließend den Tüll von der Vorderseite abziehen. Nachdem das Papier vollständig getrocknet ist, auch das Stück Tüll von der Rückseite entfernen, das Papier mit einem Tuch bedecken und bügeln (Einstellung »Seide«).

Viskose-Papier

Solche Fasern werden für die Herstellung von Rayon- und Viskosestoffen verwendet. Sind sie synthetisch hergestellt sind, bieten sie durch ihre Stabilität auch in der Papierherstellung ganz andere Möglichkeiten als die naturgewachsenen Fasern. Viskosefasern haben einen schönen Glanz. Für Collagen kann man sie zurechtschneiden und zu interessanten Schnörkeln legen. Auf für Experimente mit Textilfarben ist Viskose sehr gut geeignet, da sie Farben gut annimmt.

❑ Für ein DIN-A3-Blatt
- 2 Stücke Tüll, etwas größer als DIN-A3
- 30 g unversponnene Viskosefasern
- Einige farbige Seidenfasern zur Dekoration
- Tapetenkleister, nach Herstelleranweisung mit Wasser verdünnt
- 250 ml Wasser mit einigen Tropfen Geschirrspülmittel

außerdem
- Plastikfolie zum Schutz der Tischplatte
- Flachpinsel, 5 cm breit
- Zeitungen
- Schwamm

Für eine gekräuselte Oberfläche schneiden Sie die Viskosefasern in kurze Stücke und zupfen diese auf dem Tüll zu kleinen Kringeln auseinander. Achten Sie darauf, dass der Tüll ganz mit Fasern abgedeckt ist. Anschließend das zweite Stück Tüll über die Fasern decken.

Anfeuchten: Pinseln Sie mit dem Flachpinsel die Spülmittellösung auf die Fasern. Danach heben Sie das Papier mit beiden Lagen Tüll vorsichtig an, drehen es um und pinseln die andere Seite ein. Überschüssiges Wasser mit einem Schwamm auftupfen. In einem zweiten Arbeitsgang werden beide Seiten des Viskosepapiers mit Tapetenkleister eingestrichen. Das Papier flach liegend auf einem Stoß Zeitungspapier trocknen. Zuerst den Tüll von der Oberseite entfernen und nach dem völligen Austrocknen auch das Stück Tüll von der Rückseite abziehen. Zuletzt das Papier mit einem Tuch bedecken und bügeln (Einstellung »Seide«).

Tipp

Experimentieren Sie auch einmal mit gewöhnlicher Kosmetikwatte. Mit der hier beschriebenen Technik lässt sich buchstäblich jedes Fasermaterial zu Papier verarbeiten.

Prägungen & Wasser

Das Prägen ist eine einfache, aber effektvolle Technik, mit der Sie auf zweifache Weise »beeindrucken« können: Sie hinterlassen in Ihrem Papier im wahrsten Sinne des Wortes einen Eindruck – und obendrein werden Sie ohne Zweifel einen bleibenden Eindruck bei den Empfängern Ihrer edel geprägten Briefe machen.

Ist das frisch geschöpfte Papier schwer genug, passt es sich leicht jedem erhabenen Gegenstand an, den sie darunter legen. Lassen Sie das Papier einfach über dem Gegenstand trocknen und Sie erhalten auf dem Blatt ein Relief: zart wie Spitze oder derb wie Kaninchendraht. Mit dickem Bindfaden lassen sich auch Monogramme oder abstrakte Bilder legen, die sich in der Papieroberfläche abzeichnen. Spitzen, Federn, Münzen und andere Objekte mit strukturierten Oberflächen können zu geometrischen Mustern angeordnet oder als Einzelmotiv in einer Ecke des Bogens verwendet werden. Wer Übung im Linol- oder Holzschnitt hat, kann auch mit Hilfe dieser Techniken individuelle Prägestempel herstellen.

Aus brennbarer Modelliermasse lassen sich ebenfalls schöne Prägemodel fertigen. Um eine flächendeckende Struktur zu erhalten, könnten Sie das Papier auch auf feinen Maschendraht oder Korbgeflecht abgautschen. Alle Prägevorlagen sollten aber mit einem Anti-Haft-Spray (für Backbleche) besprüht oder mit Talkum eingepudert werden. So lässt sich das Papier später unbeschadet von der jeweiligen Prägeunterlage lösen.

Sehr edel ist auch ein persönliches Wasserzeichen, ein transparentes Bild, das sichtbar wird, wenn man das Papier gegen das Licht hält. Dafür »zeichnen« Sie Ihr Motiv mit Draht oder Bindfaden direkt auf das Schöpfsieb und nähen es dort fest, damit es nicht verrutscht. Wasserzeichen können filigran, figürlich oder plakativ sein. Schon eine einfache Bordüre könnte beispielsweise zum Markenzeichen all Ihrer Papierkreationen werden.

zeichen

Impressario

Selbst hauchfeine Spitze kann für edle Prägungen verwendet werden – diese Papiere sind der Beweis. Dabei bleibt es Ihrem Geschmack überlassen, ob Sie die Positiv- oder die Negativseite der Prägung als Vorderseite des Papiers verwenden. Hier habe ich die Ecke eines Spitzentaschentuches und kurze Nadelholztriebe in pastellfarbene Pulpe geprägt. Halten Sie die Augen offen nach Spitzenresten. Sie eignen sich perfekt für filigrane Prägemotive.

❑ Für 4 Bögen (rund oder DIN A5) in einer Farbe
- Etwa 40 g trockenes Altpapier in Pastellfarben
- Wasser
- 15 g (1 Esslöffel) geriebene Seife, aufgelöst in kochendem Wasser
- 15 g (1 Esslöffel) Wäschestärke, gelöst in 1/2 Tasse kaltem Wasser
- Spitzenreste oder Farnspitzen

außerdem

- Stickrahmen, mit Tüll bespannt (falls Sie rundes Papier schöpfen möchten)
- 2 Holzplatten, ringsum 5 cm größer als das fertige Papier
- 4 Schraubzwingen oder schwere Gewichte
- Haushaltstücher
- Zeitungen
- Palettmesser

Zunächst das Papier nach Farben getrennt zu Pulpe verarbeiten (Anleitung siehe Seite 16). Die Pulpe in eine Bütte geben und mit etwa drei Litern Wasser zu einer cremigen Masse verdünnen. Anschließend die gelöste Seife und Stärke zugeben. Vorsichtig rühren, damit sich keine Luftblasen bilden.

Schöpfsieb und Rahmen (oder Stickrahmen) so halten, dass die bespannte Seite des Siebes zu Ihnen zeigt und der Rahmen davor liegt. Senkrecht am hinteren Ende der Bütte eintauchen, in die Waagrechte bringen und langsam nach oben herausheben. Leicht rütteln, damit sich die Fasern gleichmäßig verteilen. Das Papier 20 Sekunden lang abtropfen lassen, dann das Sieb neigen und weitere 10 Sekunden lang abtropfen lassen. Das Papier nun auf einen vorbereiteten Stoß Zeitungspapier abgautschen (siehe Anleitung auf Seite 17).

PRÄGEN: Auf das nasse Papier die gewünschte Prägevorlage legen, dann beides mit einem feuchten Tuch abdecken. Alle Falten sorgfältig glatt streichen.

PRESSEN: Jedes Blatt wird einzeln gepresst. Dazu legen Sie es mit den Tüchern auf eine Pressplatte (ausführliche Anleitung auf Seite 18). Mit der zweiten Pressplatte bedecken und mit Gewichten beschweren oder die Schraubzwingen ansetzen. Nach zehn Minuten den Druck verstärken. Der Pressvorgang dient in diesem Fall nicht nur dazu, das überschüssige Wasser aus dem Papier zu drücken, sondern gleichzeitig, um das Motiv ins Papier zu prägen. Er dauert etwa eine halbe Stunde.

Die obere Pressplatte abheben. Das Papier samt Tüchern und Prägevorlage aus der Presse heben und 24 Stunden an der Luft trocknen lassen. Wenn das Papier völlig trocken ist, wird es vorsichtig von der Rückseite gebügelt (Einstellung »Seide«). Erst danach die Tücher und die Prägevorlage abnehmen. Die Prägung wirkt markanter, wenn Sie das fertige Papier von der Rückseite noch einmal bügeln und dabei die Bügeleisenkante in die Motivkonturen drücken.

Edel und ungewöhnlich: Runde Notizzettel in Eiscremefarben mit geprägten Spitzenmotiven.

Streichquartett

Dieses edle Schreibpapier eignet sich für jeden Anlass und beeindruckt auch als Geschenk. Der Umschlag besteht aus verstärktem Papier. Er wird nach einer Schablone zugeschnitten, die man sich leicht herstellen kann, indem man einen einfachen Briefumschlag kauft und auseinander faltet.

❑ Für zwei DIN-A5-Bögen in einer Farbe sowie zwei DIN-A4-Bögen für den Umschlag

- Etwa 60 g trockenes Altpapier in Pastellfarben
- Wasser
- 15 g (1 Esslöffel) geriebene Seife, aufgelöst in kochendem Wasser
- 15 g (1 Esslöffel) Wäschestärke, gelöst in 1/2 Tasse kaltem Wasser

außerdem

- 2 Holzplatten, ringsum 5 cm größer als das fertige Papier
- 4 Schraubzwingen oder schwere Gewichte
- Haushaltstücher
- Zeitungen
- Palettmesser
- Reste von Teppich-Knüpfgrund oder grobem Stramin
- Reparaturvlies
- Holz- oder Weißleim
- Standardbriefumschlag, gekauft

Das Papier gemäß der Anleitung auf Seite 16 zu Pulpe verarbeiten. Die Pulpe in die Bütte geben und mit etwa 2 1/4 Litern Wasser zu einer cremigen Masse verrühren. Anschließend Seife und Stärke untermischen. Vorsichtig rühren, damit keine Luftblasen entstehen.

Schreibpapier und Karten

Schöpfsieb und Rahmen so halten, dass die bespannte Seite des Siebes zu Ihnen zeigt und der Rahmen davor liegt. Beides senkrecht am Ende der Bütte eintauchen, in die Waagrechte bringen und langsam nach oben herausheben. Leicht rütteln, damit sich die Fasern gleichmäßig verteilen. Das Papier 20 Sekunden lang abtropfen lassen, dann das Sieb neigen und weitere 10 Sekunden lang abtropfen lassen.

Prägen: Das Papier auf eine vorbereitete Unterlage abgautschen. Rechtecke und Dreiecke aus dem Knüpfgrund zuschneiden und auf dem nassen Papier zu Bordüren, Mustern oder Eckmotiven anordnen. Denken Sie daran, dass die Prägungen später spiegelverkehrt erscheinen.

Pressen: Jedes Blatt wird einzeln gepresst. Dazu legen Sie es mit den Tüchern auf eine Pressplatte (siehe Seite 18). Mit der zweiten Pressplatte bedecken und mit Gewichten beschweren oder die Schraubzwingen ansetzen. Nach zehn Minuten den Druck verstärken. Der Pressvorgang dient dazu, das überschüssige Wasser aus dem Papier zu drücken und das Muster ins Papier zu prägen. Er dauert etwa eine halbe Stunde. Die obere Pressplatte abheben. Das Papier samt Tüchern und Knüpfgrund aus der Presse heben und 24 Stunden an der Luft trocknen lassen. Wenn das Papier völlig trocken ist, wird es vorsichtig von der Rückseite gebügelt (Einstellung »Seide«). Erst danach die Tücher und den Knüpfgrund abnehmen. Zum Schluss die Papierkanten begradigen oder aus den Bögen Karten zurechtschneiden.

Der Umschlag

Gemäß Anleitung einen DIN-A4-Bogen schöpfen und auf die vorbereitete Unterlage abgautschen. Den feuchten Bogen mit Reparaturvlies bedecken und ein zweites Blatt direkt darauf abgautschen. Die Knüpfgrund-Abschnitte so auf dem nassen Papier anordnen, wie sie später auf dem Umschlag erscheinen sollen. Ein aufgefalteter gekaufter Briefumschlag hilft bei der Orientierung. Das Papier mit einem feuchten Tuch bedecken, pressen und trocknen. Zum Zuschneiden des Briefumschlages verwenden Sie den gekauften Umschlag als Schablone. Die Kanten werden mit Holz- oder Weißleim verklebt. Durch die Zwischenschicht aus Reparaturvlies ist das Papier für den Umschlag zusätzlich verstärkt.

Diese interessanten quadratischen Strukturen wurden mit Teppich-Knüpfgrund geprägt.

Persönliche Note

Um ein Wasserzeichen zu gestalten, muss das Motiv direkt auf dem Schöpfsieb angebracht werden. Es kann aufgestickt werden oder aus dünnem Draht gebogen und dann aufgenäht werden. Noch einfacher ist es, das Motiv mit einem wasserfesten Klebstoff auf das Schöpfsieb zu »malen«. Diese Methode stelle ich Ihnen hier genauer vor. Allerdings lässt sich der Klebstoff anschließend nicht mehr vom Sieb entfernen. Es ist also ratsam, sich für diesen Zweck mehrere einfache Rahmen mit Gardinentüll-Bespannung herzustellen.

❑ Für vier DIN-A5-Bögen

- Etwa 40 g Papierreste
- Wasser
- 15 g (1 Esslöffel) geriebene Seife, gelöst in kochendem Wasser
- 15 g (1 Esslöffel) Wäschestärke, aufgelöst in 1/2 Tasse kaltem Wasser

außerdem

- 2 Holzplatten, ringsum 5 cm größer als das fertige Papier
- 4 Schraubzwingen oder schwere Gewichte
- Haushaltstücher
- Zeitungen
- Palettmesser
- Wasserfesten, transparenten Klebstoff in einer Tube mit feiner Düse
- Filzstift
- Weißes Papier

Zunächst mit Filzstift auf dem weißen Papier das Motiv für das Wasserzeichen entwerfen. Die Zeichnung unter das Schöpfsieb legen und die Kontur mit dem Klebstoff direkt aus der Tube nachziehen. Den Kleber trocknen lassen.

Das Papier gemäß der Anleitung auf Seite 16 zu Pulpe verarbeiten. Die Pulpe in die Bütte geben und mit etwa drei Litern Wasser zu einer cremigen Masse verdünnen. Dann die Seife und Stärke untermischen. Vorsichtig rühren, damit keine Luftblasen entstehen.

Schöpfsieb und Rahmen so halten, dass die bespannte Seite des Siebes zu Ihnen zeigt. Beides senkrecht am Ende der Bütte eintauchen, in die Waagrechte bringen und langsam nach oben herausheben. Leicht rütteln, damit sich die Fasern gleichmäßig verteilen. 20 Sekunden lang abtropfen lassen, dann das Sieb neigen und weitere 10 Sekunden lang abtropfen lassen. Den Rahmen abheben.

Abgautschen: Das Papier abgautschen (siehe Seite 17) und mit einem feuchten Tuch bedecken.

Pressen: Den Stoß auf eine Pressplatte legen (siehe Seite 18). Mit der zweiten Pressplatte bedecken und mit Gewichten beschweren oder die Schraubzwingen ansetzen. Nach zehn Minuten die Bögen herausnehmen und etwa 24 Stunden an der Luft trocknen lassen. Wenn das Papier ganz trocken ist, mitsamt den Tüchern von der Rückseite her vorsichtig bügeln (Einstellung »Seide«). Erst danach die Tücher abnehmen.

Improvisation

Dies ist meine Sammelecke. Hier finden Sie Ideen, die aus verschiedenen Gründen nicht in die vorhergehenden, sorgfältig komponierten Kapitel passten. Auf den Fotos werden Sie erkennen, wie viel Spaß ich bei den Spielereien mit Feuer oder Fotokopien hatte. Verschiedene Teesorten färben das Papier nicht nur zart, sie geben ihm auch einen feinen Duft. Der Platz reicht nicht immer für eine ausführliche Anleitung aus. Aber wenn Sie die Grundregeln beherzigen, die Sie in diesem Buch kennen gelernt haben, werden Ihnen auch diese Papiere leicht gelingen.

Musikalische Fragmente

Wenn Sie der Musik zugeneigt sind, dann gefällt Ihnen sicherlich dieses Papier mit Notenfragmenten. In einem unbedachten Augenblick habe ich versehentlich ein Blatt aus einer Original-Partitur verarbeitet. Vernünftiger ist es natürlich, eine Fotokopie zu verwenden ...

❑ Für ein DIN-A4-Blatt

- Etwa 20 g trockenes Papier (zum Beispiel Computerpapier)
- Wasser
- 15 g (1 Esslöffel) geriebene Seife, aufgelöst in kochendem Wasser
- 15 g (1 Esslöffel) Wäschestärke, aufgelöst in 1/2 Tasse kaltem Wasser
- Fotokopie eines Notenblattes

außerdem

- 2 Holzplatten, ringsum 5 cm größer als das Papier
- 4 Schraubzwingen oder schwere Gewichte
- Zeitungen
- Palettmesser

Zuerst das weiße Papier zu einer feinen Pulpe verarbeiten (siehe Anleitung auf Seite 16). Aus dem Notenblatt einen etwas grobflockigeren Brei zubereiten. Die weiße Pulpe in eine Bütte geben und mit etwa drei Litern Wasser zu einer cremigen Masse verdünnen. Anschließend die Seife und die Stärke vorsichtig unterrühren. Zum Schluss die grobe Pulpe dazugeben und noch einmal behutsam rühren.

Schöpfsieb und Rahmen so halten, dass die bespannte Seite des Siebes zu Ihnen zeigt und der Rahmen davor liegt. Beides senkrecht am Ende der Bütte eintauchen, in die Waagrechte bringen und langsam nach oben herausheben. Leicht rütteln, damit sich die Fasern gleichmäßig verteilen. Das Papier etwa 20 Sekunden lang abtropfen lassen, dann das Sieb neigen und weitere 10 Sekunden lang abtropfen lassen. Den Rahmen abnehmen.

Abgautschen: Das Papier auf eine vorbereitete Unterlage abgautschen (siehe Anleitung auf Seite 17) und mit einem feuchten Tuch abdecken.

Pressen: Das Papier mit den Tüchern auf eine Pressplatte legen (ausführliche Anleitung auf Seite 18) und mit der zweiten Pressplatte bedecken. Mit Gewichten beschweren oder die Schraubzwingen ansetzen. Nach zehn Minuten den Druck verstärken. Der Pressvorgang dient dazu, das überschüssige Wasser aus dem Papier zu drücken. Er dauert etwa eine halbe Stunde.

Die Pressplatte abheben, das Papier mit den Tüchern herausnehmen und zum Trocknen an eine Leine klammern. Wenn es ganz trocken ist, von der Rückseite mit einem lauwarmen Bügeleisen glätten (Einstellung »Seide«). Danach unter einem Stapel schwerer Bücher noch mindestens 24 Stunden pressen.

Variation

Sehr schön ist auch dieses »Fragmentpapier« aus einem alten Notenblatt. Zunächst wird das Notenblatt fotokopiert. Dann bereiten Sie weiße Pulpe zu und schöpfen zunächst ein weißes Blatt Papier. Dieses wird auf eine vorbereitete Unterlage abgegautscht (siehe Anleitung Seite 17). Die Fotokopie mit der bedruckten Seite nach oben auf das frisch geschöpfte Blatt legen. Anschließend kleben Sie Streifen aus Malerkrepp an den Stellen diagonal über das Schöpfsieb, an denen später die Noten sichtbar sein sollen. Das Sieb erneut eintauchen und das zweite Papier auf über dem Notenblatt abgautschen. Mit einem Tuch abdecken, wie gewohnt pressen und an der Luft trocknen.

Tea for two (oder drei oder vier)

Teebeutel sind ein Geschenk für kreative Papierhersteller. Die feinen Blättchen geben dem Papier Farbe und Struktur. Exotisch duftende Teemischungen, kombiniert mit passenden ätherischen Ölen, garantieren die ultimative »Tee-Papier-Erfahrung«. Chinesischer Grüntee ergibt besonders schön strukturiertes Papier. Der geschmacklichen Ausgewogenheit halber habe ich auch ein Papier aus Pfefferminztee und eines aus Zitronenschale geschöpft.

❑ Für vier DIN-A5-Bögen

- Etwa 40 g trockenes, hochwertiges weißes Papier
- Wasser
- 15 g (1 Esslöffel) geriebene Seite, aufgelöst in kochendem Wasser
- 15 g (1 Esslöffel) Wäschestärke, aufgelöst in 1/2 Tasse kaltem Wasser
- 3 Esslöffel chinesischer Grüntee
- 3 Teebeutel Hagebuttentee
- Eine Hand voll frischer Minzeblätter
- Eine Hand voll frischer Zitronenschale

außerdem

- 2 Holzplatten, ringsum 5 cm größer als das Papier
- 4 Schraubzwingen oder schwere Gewichte
- Zeitungen
- Palettmesser

Den grünen Tee und die Teebeutel in verschiedenen Gefäßen mit kochendem Wasser übergießen und je eine halbe Stunde ziehen lassen. Die Hälfte der Minzeblätter in Wasser aufkochen. Die restliche Minze und die Zitronenschalen in der Mikrowelle drei bis vier Minuten lang trocknen. Das Papier zu Pulpe verarbeiten (siehe Anleitung auf Seite 16).

Die Pulpe mit Wasser zu einer cremigen Masse verdünnen. Sie brauchen dafür insgesamt etwa drei Liter Wasser. Die gelöste Seife und Stärke vorsichtig unterrühren, damit sich keine Luftblasen bilden. Die Pulpe in vier Portionen teilen. Einer Portion setzen Sie die Hälfte der grünen Teeblätter zu. In die drei übrigen Bütten geben Sie die Hälfte der gequollenen Hagebuttenschalen, die gesamte aufgekochte Minze beziehungsweise die getrockneten Zitronenschalen. Die jeweiligen Zusätze in der Pulpe zwei Stunden quellen lassen. Anschließend die restlichen Teeblätter, Hagebutteschalen und die getrocknete Minze in die entsprechenden Bütten geben. Jedes Blatt Papier wird einzeln geschöpft:

Schöpfsieb und Rahmen so halten, dass die bespannte Seite des Siebes zu Ihnen zeigt und der Rahmen davor liegt. Beides senkrecht am Ende der Bütte eintauchen, in die Waagrechte bringen und langsam nach oben herausheben. Leicht rütteln, damit sich die Fasern gleichmäßig verteilen. Das Papier etwa 20 Sekunden lang abtropfen lassen, dann das Sieb neigen und weitere 10 Sekunden lang abtropfen lassen. Den Rahmen abheben.

Die geschöpften Bögen auf den Sieben etwa 24 Stunden lang trocknen lassen. Anschließend vorsichtig vom Sieb lösen und von der Rückseite her mit einem auf »Seide« eingestellten Bügeleisen glätten. Anschließend die Bögen mindestens 24 Stunden lang unter einem Stapel schwerer Bücher pressen. Wer mag, kann die Papiere noch mit passenden ätherischen Ölen einsprühen.

Schwanensee

Edel und luxuriös sieht dieses dunkle, seidige Papier aus, auf dem Silberfäden und Federn zu schwimmen scheinen. Weil Seidenpapier bei der Papierherstellung leicht spröde wird, habe ich Seife zugesetzt. Sie hält die Pulpe geschmeidig und wirkt zugleich als Bindemittel.

❑ Für 4 DIN-A4-Bögen oder zwei DIN-A3-Bögen

- 4 Bögen schwarzes Seidenpapier
- 30 g (2 Esslöffel) geriebene Seife, aufgelöst in kochendem Wasser
- Wasser
- Feine Silberfäden
- Federn (zum Beispiel Truthahnfedern)

außerdem

- Feinen Pinsel oder Feder
- Palettmesser

Das Papier gemäß der Anleitung auf Seite 16 zu Pulpe verarbeiten. Die Pulpe in eine Bütte geben und mit Wasser zu einer cremigen Masse verdünnen. Die gelöste Seife zugießen und vorsichtig unterrühren.

Schöpfsieb und Rahmen so halten, dass die bespannte Seite des Siebes zu Ihnen zeigt und der Rahmen davor liegt. Beides senkrecht am Ende der Bütte eintauchen, in die Waagrechte bringen und langsam nach oben herausheben. Leicht rütteln, damit sich die Fasern gleichmäßig verteilen. Das Papier etwa 20 Sekunden lang abtropfen lassen, dann das Sieb neigen und weitere 10 Sekunden lang abtropfen lassen. Auf eine Arbeitsplatte stellen und den Rahmen abheben.

Nun die Silberfäden auf die Pulpe legen und vorsichtig mit einem Pinsel oder einer Feder darüber streichen, um sie anzudrücken. Anschließend die Federn auflegen und jede am Kielende mit einem Tropfen Pulpe befestigen. Das Papier auf dem Schöpfsieb an der Luft trocknen lassen.

Abnehmen vom Sieb: Wenn das Papier trocken ist, fahren Sie mit den Fingern auf der Unterseite des Schöpfsiebes entlang, um die Ränder zu lösen. Wenn eine Ecke gelöst ist, schieben Sie vorsichtig das Palettmesser darunter und heben das Papier ab. Das fertige Papier vorsichtig von hinten bügeln (Einstellung »Seide«).

Variation

Bereiten Sie aus einem Bogen silbernem Seidenpapier eine Pulpe zu und füllen Sie diese in einen Jogurtbecher um. Nachdem Sie die Silberfäden auf dem schwarzen Papier ausgelegt haben, träufeln Sie die silberne Pulpe in einem lockeren Muster darüber, um die Fäden zu befestigen. Die Federn in die silbernen Pulpetropfen legen und mit weiteren Tropfen fixieren. Trocknen lassen und wie oben beschrieben vom Sieb lösen.

Crescendo

Faszinierende Effekte entstehen, wenn Sie Teile des Papiers anbrennen. Die verbrannten Papierkanten erinnern an altes Pergament, solche Bögen wirken als Rolle besonders gut. Sie können aber auch Muster einbrennen. Achten Sie in diesem Fall darauf, dass die ausgebrannten Konturen einander nicht berühren, sonst fällt das Papier auseinander.

Das Papier links in Foto wurde mit einer Wunderkerze ausgebrannt. Decken Sie dabei die Arbeitsfläche mit einem Tuch ab und halten Sie ein zweites Tuch griffbereit. Das Papier wird angehoben und mit der brennenden Wunderkerze berührt. Um die Brandspur zu stoppen, legen Sie das Papier schnell auf die abgedeckte Arbeitsfläche und drücken das zweite Tuch darauf.

Ensemble

Haben Sie sich erst einmal einen kleinen Papiervorrat angelegt, können Sie daraus faszinierende Collagen zusammenstellen. Überlegen Sie sich zunächst ein Thema. Lassen Sie sich dabei inspirieren, beispielsweise von Landschaften, einer Industriekulisse, einer Küste oder einem Wald. Nachdem Sie sich für ein Thema entschieden haben, fällt die Auswahl der passenden Farben und Strukturen meist leichter.

Reißen Sie zunächst aus den Papieren interessante Formen aus und spielen Sie mit verschiedenen Arrangements. Probieren Sie aus, in welcher Anordnung die Papiere am besten miteinander harmonieren. Sie könnten auch lose Fasern, Blätter, Stoffe, Muscheln oder andere Fundstücke integrieren. Kleben Sie die fertige Komposition mit Holz- oder Weißleim auf eine passende Holzplatte oder ein festes Papier, oder nähen Sie die Stücke mit Stickgarn zusammen.

Holzbläser

Das Experimentieren mit den Strukturen handgeschöpfter Papiere ist sehr interessant und reizvoll, vor allem wegen der vielen Variationsmöglichkeiten mit Farben, Zusätzen und Düften. Viele Zusätze habe ich Ihnen in diesem Buch vorgestellt, aber ich habe noch nicht das Loblied des Sägemehls gesungen. Es ist ein großartiger Zusatz, sowohl für die Pulpe als auch für Collagen. Nicht zu vergessen die wunderbaren Schillerlocken, die beim Hobeln anfallen.

Einfache Sägespäne kann man in Zoogeschäften für wenig Geld kaufen. Wer sie selbst herstellt, kann Körnung und Farbe selbst bestimmen. Nutzen Sie die Vielfalt der Holzbeizen, die in Baumärkten angeboten werden. In einer Collage haften die Sägespäne direkt auf der feuchten Pulpe, sie können aber auch mit Holz- oder Weißleim aufgeklebt werden.

Bezugsquellen

Folgende Firmen liefern Material und Zubehör zum Papier schöpfen. Eine Möglichkeit, unversponnene Fasern zu erwerben, ist es, auf Wochenmärkten nachzufragen. Oft können auch Bioläden oder Reformhäuser Adressen von Spinnereien, Webereien oder Kleinbetrieben in Ihrer unmittelbaren Nähe nennen. Das Alternative Branchenbuch bietet Ihnen unter den Rubriken »Spinnen und Weben« sowie »Wolle und Garne« ebenfalls eine Reihe von Ansprechpartnern, bei denen Sie nach unversponnenen Fasern fragen können. Das Alternative Branchenbuch ist im Buchhandel erhältlich, liegt aber auch in vielen Naturkost- und Bioläden aus. Einzelne Werkzeuge und Materialien wie Messer, Maulklammern u.a. finden Sie in jedem Baumarkt.

Arbeitsgruppe Leinen & Umwelt
c/o Holstein Flachs GmbH
Alte Ziegelei
23759 Mielsdorf
Tel. (0 45 51) 20 42
Fax (0 45 51) 69 90
Langflachs, unversponnene Pflanzenfasern, veredelte Fasern (Werg u.a.), Stoffreste (Hadern)

Johannes Gerstäcker Verlag GmbH
Versandhandel und Direktverkauf
Wecostr. 4
53783 Eitorf
Tel. (0 22 43) 8 89 92
Fax (0 22 43) 8 89 45
Hilfsmittel und Rohstoffe zum Papierschöpfen (Schöpfrahmen, Zellstoff u.a.), Fachliteratur, Material für Künstler, Kunsterzieher und Therapeuten

Glorex GmbH
Großmettstr. 17
79618 Rheinfelden
Tel. (0 76 23) 72 33 0
Fax (0 76 23) 26 06
Internet: http://www.glorex.com
Hilfsmittel und Rohstoffe zum Papierschöpfen (Schöpfrahmen, Gautschtücher, Zellstoff, Füllstoffe wie Kaolin, Gelatine, Pflanzenfasern), Einsteigerpackungen, Klassensets, Anleitungen

Holzlill
Klass & Gessmann GmbH
Handarbeitsgeräte
Kunstmühlestr. 43
72793 Reutlingen-Pfullingen
Tel. (0 71 21) 99 14 0
Fax (0 71 21) 99 14 19
Geräte und Hilfsmittel

Pflanzenfärberei Kroll
Hauptstr. 47
56761 Gamlen
Tel. (0 26 53) 64 07
Fax (0 26 53) 30 19
Pflanzenfarben, Garne (Seide, Wolle), unversponnene Pflanzenfasern

Rayher Hobby GmbH
Fockestr. 15
88471 Laupheim
Tel. (0 73 92) 70 05 0
Fax (0 73 92) 70 05 38
email: info@rayher-hobby.de
Internet: http://www.rayher-hobby.de
Geräte und Hilfsmittel

Werksiedlung St. Christoph
Steinenstr. 4
79400 Kandern
Tel. (0 76 26) 91 51 0
Fax (0 76 26) 65 95
Internet: http://www. werksiedlung.de
Papierschöpfrahmen, Schöpfsiebe, Gautschtücher, komplette Arbeitssets

VBS Verdener Bastel Service GmbH
Der creative Balstelversand
Große Straße 132
27283 Verden/Aller
Tel. (0 42 31) 6 68 11
Fax (0 42 31) 6 68 22
Schöpfrahmen, Gautschtücher, Rohwolle, Rohpulpe

Register